湖南文理学院博士启动项目"价值观自信研究"最终成果
湖南省教育厅科学研究项目"文化自信的出场学研究"阶段性成果

价值观自信

——自信中国的价值支撑

周忠华 著

西南交通大学出版社
·成都·

图书在版编目（CIP）数据

价值观自信：自信中国的价值支撑 / 周忠华著. —
成都：西南交通大学出版社，2019.7
ISBN 978-7-5643-6982-8

Ⅰ. ①价⋯ Ⅱ. ①周⋯ Ⅲ. ①社会主义核心价值观 –
研究 – 中国 Ⅳ. ①D616

中国版本图书馆 CIP 数据核字（2019）第 146016 号

Jiazhiguan Zixin

价值观自信

Zhixin Zhongguo de Jiazhi Zhicheng

——自信中国的价值支撑

周忠华　著

责 任 编 辑	郭发仔
封 面 设 计	墨创文化
出 版 发 行	西南交通大学出版社 （四川省成都市二环路北一段 111 号 西南交通大学创新大厦 21 楼）
发行部电话	028-87600564　028-87600533
邮 政 编 码	610031
网　　　址	http://www.xnjdcbs.com
印　　　刷	成都蜀雅印务有限公司
成 品 尺 寸	170 mm × 230 mm
印　　　张	13
字　　　数	190 千
版　　　次	2019 年 7 月第 1 版
印　　　次	2019 年 7 月第 1 次
书　　　号	ISBN 978-7-5643-6982-8
定　　　价	78.00 元

图书如有印装质量问题　本社负责退换
版权所有　盗版必究　举报电话：028-87600562

序

　　价值观是人的生活实践对自我、他人和社会所产生的意义的自觉认识。自20世纪80年代以后，价值观成为中国哲学社会科学研究的热门范畴，世界观、人生观和价值观被称为"三观"，在各种场合被频繁使用。当然，在相当长的一段时间里，价值观更多地运用于人生思考和道德评价中。

　　在经济全球化的21世纪，价值观的作用不仅仅体现在人生和道德领域，更多地体现在宏观的国家主流意识形态层面。特别是核心价值观，它成为国家软实力的基石。要实现中华民族的伟大复兴，必须加强社会主义核心价值观的培育。中国要全面改革开放，走向世界舞台中心，必须增强文化自信和价值观自信。将周忠华博士的这本《价值观自信——自信中国的价值支撑》专著置于这一时代背景中，更能体会到其重要价值。

　　自从社会主义核心价值观这一范畴产生以来，学者们对此范畴的研究倾注了极大的热忱，形成了数以千计的论文。这表明社会主义核心价值观培育的重要性已经被人们所重视和接受，但也表明社会主义核心价值观的研究有着广阔的天地，各个社会科学学科都可以在其中找到位置，并有所作为。

　　值得指出的是，研究核心价值观的问题，必须要解决好"一与多"的问题。在古希腊，"一与多"的问题是一个困扰思想家的大问题。世界的本原是"一"还是"多"？不同的思想家做出了不同的回答。当前，价值观问题的研究难以回避"一与多"的问题。从价值观的内涵来说，主体的需要有不同的层次，必然会形成不同的价值取向，因而出现不同的价值观，这是一个客观事实。但一个国家、一个民族没有共同的价值观，即"最大公约数"，就难以形成凝聚力。因此，必须坚持"一与多"的统一，要尊重差异，包容多样，允许价值取向多样化，但价值导向必须一元化。在国际上，要坚持民族精神的独立性，否定对"普世价值"的盲从，同时又要坚持人类命运共同体理念，坚持人类社会也有共同的价值观念。

世界是多样化的世界，各民族的文化也是多样的。这种多样性是由各种文化内在的价值观所规定的，其发展是由内在价值观引领的。文化的核心是价值观，价值观通过文化形态表达出来。要了解和把握一个民族的价值观，必须考察其文化传统的内涵及其发展轨迹。接受和认同一个民族的价值观的过程，离不开对该文化传统的接受和认同。文化自信与价值观自信是紧密联系在一起的，而增强文化自信必然蕴含价值观自信。因此，弘扬和培养中华优秀传统文化，培育和践行社会主义核心价值观，两者之间内在的逻辑联系就显而易见了。

周忠华来自于湘西少数民族家庭，是位朴素但又积极进取的优秀青年教师。2013年秋天，周忠华进入上海师范大学马克思主义学院攻读博士学位。作为他的指导教师，我为他的出色科研能力而感到骄傲。在同时入学的博士生中,他是佼佼者,各位导师对他的写作能力都翘起了大拇指。在协助我申报国家社科基金重大项目"培育和践行社会主义核心价值观"过程中,在我的指导下,他找到了适合自己的博士论文题目——《论核心价值观自信》。经过多少个日夜的努力,他的博士论文终于得以顺利完成。在答辩时,他的博士论文获得了专家的一致好评。在近两年中,他又精益求精,对博士论文进行了精心的修改和打磨,并以《价值观自信——自信中国的价值支撑》为书名出版。这在他的学术生涯中是一件值得纪念的大事,他邀请我为该书写序,我欣然同意。

自20世纪80年代以后,本人一直秉承现实关怀的精神,致力于伦理道德的研究,开拓学术研究新的生长点。围绕着社会主义核心价值体系、社会主义核心价值观,也主持了多个科研项目,撰写过多篇学术论文,编写过相关著作,但研究的重心偏向于思想道德教育。社会主义核心价值观其实是一种德,从思想道德教育的视角研究无可厚非。但随着形势的发展,必须拓宽研究的视角。周忠华的这本在博士论文基础上形成的专著从马克思主义中国化的视角对社会主义核心价值观进行研究,具有不少新的建树:

一是展现了马克思主义中国化视域中社会主义核心价值观及其自信话语的演变和从核心价值观及其自信话语演变看马克思主义中国化的双重观照,对马克思主义中国化学科的研究做出了贡献。

二是从出场语境、出场路径、出场形态三者的关联辩证分析价值观自信从当年到当下、从本来到未来、从欧洲到中国的出场问题，并对社会主义核心价值能否成为"中国版的共识性价值"作了方法论评估，即只有不断"出场"才能永恒"在场"。

三是为了更加有效地分析当下中国的价值观自信样态，作者从作为培育主体的中国共产党和作为实践主体的社会民众这两个方面进行探碛。问题分析具有客观性，得出的结论能够通过经验事实进行验证。

周忠华已经三十而立，获得了可喜的成果，确实不容易。但他还年轻，其学术的发展还有很多空间。祝愿他继续努力，不断开拓，在学术上有更大更多的成就。作为他的博士生导师，我将引以为莫大的自豪。

中国伦理学会名誉副会长
全国优秀教师
上海市高校教学名师
上海师范大学教授、博导

2019年1月16日于上海师范大学科技园

目录

第一章　一般规定：价值观自信的基本问题 …………1
　第一节　文化自信及其核心 ……………………4
　第二节　价值观自信的概念解证 ………………11
　第三节　价值观自信的本质内涵 ………………23

第二章　正本清源：马克思主义价值观自信
　　　　思想之探研 …………………………………29
　第一节　马克思主义价值观自信思想之确证 ……30
　第二节　马克思主义价值观自信思想之切入 ……49
　第三节　马克思主义价值观自信思想之澄明 ……59

第三章　历史构境：价值观自信的当年与当代 ……69
　第一节　价值观自信的当年建构 ………………70
　第二节　马克思主义核心价值观的
　　　　　中国化与再中国化 …………………82
　第三节　价值观自信的当代建构 ………………101

第四章　提升路径：坚定价值观自信的基本
　　　　方案 ·················· 139
　　第一节　巩固社会主义核心价值观的根柢 ······ 140
　　第二节　优化价值观自信的生成机制 ·········· 148
　　第三节　重塑主体的时代立场 ················ 158

第五章　未来命运：成为中国版"共识性价值"
　　　　的方法论估价 ·············· 165
　　第一节　从总体性把握自信中国话语体系 ······ 166
　　第二节　只有不断出场方能永恒在场 ·········· 173
　　第三节　致广大而尽精微 ···················· 180

参考文献 ·· 190

第一章

一般规定：
价值观自信的基本问题

关于"价值观自信"研究，起初是为了回应"中国是一个'礼崩乐坏'的社会"的批评者，而强调"中国人必须有价值观自信"①。特别是2014年2月24日习近平总书记在中国共产党第十八届中央政治局第十三次集体学习时指出要"增强文化自信和价值观自信"②以来，人们对"价值观自信"一词应该是不陌生的，该词频频见诸报刊。我们借助中国知网（CNKI）、万方（TTTD）、维普（VIP）以及百度（BAIDU）等搜索引擎，以"价值观自信"为关键词进行检索，截至2018年12月，在《人民日报》《光明日报》《经济日报》《中国教育报》以及其他地方性报刊，共检索到48篇相关文章，其中具有代表性的有：吴俊的《"三个倡导"体现高度的价值自觉和自信》和《彰显生命力 坚定社会主义价值观自信》，吴向东的《社会主义核心价值观的意义自觉》，习近平的《在中共中央政治局第十三次集体学习上的讲话》，刘云山的《切实增强文化自信价值观自信，更好凝聚团结奋进的精神力量》，谢文、王晓萌的《价值观自信：中国发展的强大精神力量》，冯颜利的《无须讳言国民的"优根性"》，桂理昕的《切实增强价值观自信》，龚莉红的《全球化语境下的中国价值观自信》，马利的《中国人要有自信》，舒刚的《价值观的自信与自立》，郭建宁的《价值观自信是文化自信的灵魂》和《增强价值观自信的着眼点》，肖贵新的《价值观自信：文化自信的集中体现》，陈曙光的《我们的价值观自信从何而来》，宋志明的《从"其命维新"看价值观自信》，等等。特别是《光明日报》2015年1月3日第4版专题阐释了"价值观自信"③，认为价值观自信的内涵就是"对价值追求的高度认同，是保持民族精神独立性的重要支撑"；意义在于"只有树立高度的价值观自信，坚定正确的价值立场、价值追求，才能鼓起奋发进取的勇气、形成攻坚克难的力量，顺利实现'两个一百年'奋斗目标和中华民族伟大复兴的中国梦"；来源于"马克思主义的正确指引、中华优秀传统文化的丰厚滋养、中国特色社会主义

---

① 何辉：《中国主流价值并未沦陷》，《人民日报》（海外版），2011-01-04（5）。
② 习近平：《习近平谈治国理政》，外文出版社2014年版，第164页。
③ 佚名：《价值观自信》，《光明日报》，2015-01-03（4）。

的成功实践、对人类文明优秀成果的吸收借鉴";目的在于破除对"普世价值"的盲从。可见,主流报刊对价值观自信问题具有相当高的关注度。在论文方面,我们共检索到 142 部相关论文,其中代表性的有:戴木才的《论坚定社会主义核心价值观自信》和《坚定社会主义核心价值观自信的科学依据》,郭建宁的《论坚持文化主体性与增强价值观自信》,沈壮海的《文化自信之核是价值观自信》,罗建文的《民生幸福的价值自觉与中国特色社会主义的价值自信》《中国特色社会主义价值自信论纲》《论中国特色社会主义的政治认同与价值自信》《增强中国特色社会主义价值自信的实证研究》和《中国特色社会主义价值自信实证研究所引发的思考》,刘进田的《价值自信和文化自信是民族自信的核心与灵魂》,李忠的《社会主义核心价值观与价值自信》,莫凡、李惠斌的《中国特色社会主义的价值自信何以可能?》,陆玉林的《论价值观的自觉自信和创新发展》,张文树的《中国传统价值观是价值自信的根基》,王晓芸的《文化自信与价值观自信的内涵及其内在共性》,黄淑贞的《论优秀传统文化自觉与自信在增强价值观自信中的时代价值》,陈阿桃、陈桂蓉的《中华传统美德是价值观自信的深厚思想根源》,周忠华的《论社会主义价值观自信》,杨振闻的《价值观自信论纲》,陈曙光的《价值观自信是保持民族精神独立性的重要支撑》,颜晓峰和耿超的《论中国特色社会主义价值观自信》,王国喜、刘芳的《在坚定文化自信中不断提升价值观自信》,李明的《文化自信和价值观自信:中国特色社会主义自信的基石》,邱仁富的《价值观自信的基本问题辨析》,向玉乔、沈莹的《论价值观自信》,武彦斌、刘世勇的《社会主义价值观自信的思想资源二题》,钱广荣的《社会主义价值观自信的认知之维》,董朝霞的《文化自信的根本在于价值观自信》,等等。尽管"价值观自信"一词的使用如此频繁和广泛,但是迄今为止对其不仅没有一个明确且统一的界定,而且对其理解莫衷一是。因此,要对价值观自信展开研究,我们不得不首先明确其概念、本质内涵等基本问题。

第一节 文化自信及其核心

自秦统一中国以来,直到 19 世纪中叶,由于中华文化一直保持高势能——既在经意或不经意之间完成了自我主导价值观向一切与之相交流的他者不断施加影响的过程,又以宽容的文化心态对待这些与之相交流的他者——中国人也一直保持着高度的文化自信。但鸦片战争改变了中国人的文化心态,使中国人要么从自信沉落到自卑,要么从自信膨胀到自负。这两种不健康的文化心态都或多或少、或强或弱、或大或小对亲历者的价值观念、对文化发展产生这样或那样的影响。尽管有辜鸿铭、梁漱溟等文化自负论者持"天朝"意识和"中央之国"情绪而高呼"华夏为尊、夷狄为卑",但自卑是当时中国人普遍的文化心态,于是建设"中国本位的文化"成为文化领域中的时代主题。中华人民共和国成立以来,文化自信更是中国共产党带领中国人民推进社会主义现代化建设的重要议题。

一、文化自信的提出

自 2004 年《甲申文化宣言》发表以来,坚定文化自信已成为中国社会的新话语。2011 年,胡锦涛同志在"七一讲话"中首次明确提出,顺应时代发展要求,以高度的文化自觉和文化自信推进文化创造[①]。2011 年 10 月发布的《中共中央关于深化文化体制改革 推动社会主义文化大发展大繁荣若干重大问题的决定》首次指出通过培养高度的文化自觉和文化自信来实现文化强国的战略目标[②]。在中国共产党第十八次全国代表大会上,胡锦涛同志再次强调:"树立高度的文化自觉和文化自信,向着建设社会主义文化强国宏伟目标阔

[①] 胡锦涛:《胡锦涛文选》(第三卷),人民出版社 2016 年版,第 539 页。
[②]《中共中央关于深化文化体制改革推进社会主义文化大发展大繁荣若干重大问题的决定》,《人民日报》,2011-10-26(1)。

步前进。"①

党的十八大以来，习近平总书记不论是出国访问还是国内考察，不论是集体学习还是座谈审议，在多个场合都强调增强文化自信。在 2014 年 2 月 24 日中央政治局第十三次集体学习中，习近平提出要"增强文化自信和价值观自信"②。2014 年 3 月 7 日在参加贵州团审议时，习近平指出："我们要坚定理论自信、道路自信、制度自信，最根本的还要加一个文化自信。"③2014 年 10 月 15 日，习近平在文艺工作座谈会上的讲话中指出："增强文化自觉和文化自信，是坚定道路自信、理论自信、制度自信的题中应有之义。"④2014 年 12 月 20 日下午，习近平和澳门大学学生座谈时指出："建立制度自信、理论自信、道路自信，还有文化自信。文化自信是基础。"⑤ 2015 年 11 月 3 日，习近平在第二届"读懂中国"国际会议期间会见外方代表时指出："中国有坚定的道路自信、理论自信、制度自信，其本质是建立在 5000 多年文明传承基础上的文化自信。"⑥2016 年 5 月 17 日，习近平在哲学社会科学工作座谈会上指出："我们要坚定中国特色社会主义道路自信、理论自信、制度自信，说到底是要坚持文化自信，文化自信是更基本、更深沉、更持久的力量。"⑦2016 年 7 月 1 日，在庆祝中国共产党成立 95 周年大会时，习近平指出：

全党要坚定道路自信、理论自信、制度自信、文化自信。……文化自信，是更基础、更广泛、更深厚的自信。……在 5000 多年文明发展中孕育的中华优秀传统文化，在党和人民伟大斗争中孕育的革命文化和社会主义先进文化，积

---

① 胡锦涛：《在中国共产党第十八次全国代表大会上的报告》，人民出版社 2012 年版，第 34 页。
② 习近平：《习近平谈治国理政》，外文出版社 2014 年版，第 164 页。
③ 何毅亭：《学习马克思主义中国化最新成果》，人民出版社 2017 年版，第 106 页。
④ 习近平：《在文艺工作座谈会上的讲话》，人民出版社 2015 年版，第 25 页。
⑤ 马云志、张新平：《坚定中国特色社会主义的"四个自信"》，人民出版社 2017 年版，第 16 页。
⑥ 中共中央党校：《以习近平同志为核心的党中央治国理政新理念新思想新战略》，人民出版社 2017 年版，第 12 页。
⑦ 习近平：《在哲学社会科学工作座谈会上的讲话》，人民出版社 2016 年版，第 16 页。

淀着中华民族最深层的精神追求，代表着中华民族独特的精神标识。……我们要弘扬社会主义核心价值观，弘扬以爱国主义为核心的民族精神和以改革创新为核心的时代精神，不断增强全党全国各族人民的精神力量。①

2016年6月29日，习近平在学习《胡锦涛文选》报告会上指出：要引导党员特别是领导干部"坚定中国特色社会主义道路自信、理论自信、制度自信、文化自信"②。2017年中国共产党第十九次全国代表大会对《党章》进行修订，把"文化自信"写入新《党章》。文化自信成为中国特色社会主义的"第四个自信"。为什么中国共产党会郑重地提出"文化自信"呢？为什么在"道路自信""理论自信""制度自信"之外还需要呼唤"文化自信"的回归呢？这是因为：

一是中华文化富涵治国理政的经验智慧。一个国家的治理体系和治理能力总是受到该国历史传承和文化传统的深刻影响。这种影响主要体现在既为当代社会的道德建设提供有益启发，又为国家治理提供有益启示。因此，解决中国的问题只能在"中国"这一特定空间场域探寻适合自己的道路与方法。立足本来才能面向未来。

二是中华文化蕴藏吸引世界眼光的软实力。学习借鉴别国别民族的先进文化是增强文化自信的重要条件，但任何一个国家、任何一个民族如果不珍惜自己的思想文化，就如同丢掉灵魂一般，是永远立不起来的。在5000多年文明发展进程中，中华民族的文化基因与当代文化相适应、与现代社会相协调，具有独特的魅力。中华文化同中国道路一样，"具有无比广阔的舞台，具有无比深厚的历史底蕴，具有无比强大的前进定力"③。

三是新价值观需要容纳中华传统文化精华。传统文化的精华是一个国家、一个民族得以传承与发展的精神命脉，丢掉优秀传统文

---

① 习近平：《在庆祝中国共产党成立95周年大会上的讲话》，人民出版社2016年版，第13页。
② 习近平：《在学习〈胡锦涛文选〉报告会上的讲话》，人民出版社2016年版，第8页。
③ 习近平：《青年要自觉践行社会主义核心价值观——在北京大学师生座谈会上的讲话》，人民出版社2014年版，第8页。

化,好比割筋断脉。在积极培育和践行社会主义核心价值观的今天,我们需要对优秀传统文化进行创造性转化、创新性发展,以此涵养社会主义核心价值观。

四是中华文化延续着民族梦想的华夏文脉。文化兴盛是实现一个国家、一个民族强盛的重要支撑,实现中华民族伟大复兴的中国梦需要以中华文化发展繁荣为条件,"没有文明的继承和发展,没有文化的弘扬和繁荣,就没有中国梦的实现"[①]。

二、文化自信的核心

当然,"文化自信有着多方面的构成与表现。对自我文化发展历史与现实的理性认知,对已有文化成就的礼敬与自豪,对当下文化发展道路的清晰与自觉,对自我文化创新能力的关注与确信,对未来文化前景的希望与信心,这些都是构成文化自信的重要维度、关键因素。而在文化自信的系统构成中更具核心意义,对文化自信的诸多构成维度、因素具有统摄意义的,则是价值观的自信"[②]。为什么说价值观自信更具核心与统摄意义呢?我们可以从原则与表现两个方面进行分析。

在基本原则上,主要体现在三个方面:第一,在文化自信的系统结构和多维表现中,只要人们不自降立场,把价值观定位于"核心价值观",而不是定位于"文化价值观",那么价值观自信不仅是根源性的自信,而且是目标性的自信,对于坚定民族文化自信心可谓兹事体大;第二,"价值观的自信,是一个国家和民族在推进文化发展的进程中有所依循、知所趋止、顽强进取的定力与韧性所在,也是一个国家和民族面对各种文明创造和文化滋养择善而纳、从容吞吐的气度与尺度所在"[③]。第三,"价值观自信的失落,会使一个国家和民族缺乏文化前行的定力、韧性、激情与从容,要么拜倒在

---

① 习近平:《出席第三届核安全峰会并访问欧洲四国和联合国教科文组织总部、欧盟总部时的演讲》,人民出版社 2014 年版,第 17 页。
② 沈壮海:《文化自信之核是价值观自信》,《求是》,2014(18):41。
③ 沈壮海:《文化自信之核是价值观自信》,《求是》,2014(18):41-42。

异质文化的脚下不能自立，要么昧于世界文明潮流甘于自闭，要么茫然四顾迷失自我不知所向"①。因此，价值观自信是文化自信的核心。

在具体表现上，同样体现在三个方面：第一，价值观自信为文化创造、文化发展、文化繁荣提供动力支持与价值引导。价值观是人在价值实践活动中对自身利益所做出的意识反应，因此，没有人的主体精神的自信，就没有或者说很难有价值观自信。换言之，价值观自信是源于本质精神力量、成于价值实践活动并表现在价值观念和精神境界上的自信。拥有并坚守这份自信，主体便能自觉地去创造文化、发展文化、繁荣文化，或开新文化、拱卫文化、守护文化。第二，在盛世中，拥有并坚守这份自信的主体便通过"顺境中的美德"作用于文化创造、文化发展、文化繁荣，让人从"俊极于天"的大化中感受"中华之道"，让人产生一种不自觉但又十分激越和超迈的优越感、尊荣感、自豪感。第三，在乱世中，价值观自信借重"逆境中的美德"作用于文化开新、文化拱卫、文化守护，让人在"残灯绝笔尚峥嵘"的忧虑中感受"道莫盛于趋时"，让人产生一种"花果飘零"而"灵根自植"的"自信自守中之希望与信心"②。

立足于基本原则与具体表现来反观历史，我们可以看到中华文化"有一贯的理想与精神在贯注"③其中。从汉唐到宋明，中华文化一直是"俊极于天"，并努力朝着创化的方向前进。明清之际，历史出现回流，中国先进知识分子却坚定"自信自守中之希望与信心"。王船山以"六经责我开生面"的文化使命感和"残灯绝笔尚峥嵘"的文化自信心，自觉地从事思想文化的创化工作。梁启超以"淬厉其所本有、采补其所本无"的"自信而又虚心"的德性倡导新民德、开民智、作新民。在新民主主义革命时期和社会主义建设时期，毛泽东挺立了中华民族的价值观自信，并将价值观自信与实现"民族独立、人民解放、国家富强、人民富裕"的历史任务结合起来，与发展"无产阶级领导的、人民大众的、反帝反封建的"新民主主义文化结合起来，激发了中国人民的民族自信。"星星之火可以燎原"

---

① 沈壮海：《文化自信之核是价值观自信》，《求是》，2014（18）：42。
② 唐君毅：《花果飘零与灵根自植》，《祖国》，1953（4）。
③ 张君劢：《新儒家思想史》，中国人民大学出版社2009年版，第558页。

的高度自信打掉了"红旗到底能打多久"的悲观论调;"帝国主义和一切反动派都是纸老虎"的高度自信打掉了"亡国"的悲观论调。改革开放以来,面对价值观不断交流交融交锋、思想文化多元多样多变的局面,我们不断地加大力度培育价值观自信,并以价值观自信来推进和支撑文化自觉、文化自信、文化自强,力求使"立功"的政治建设、经济建设和"立言"的文化建设获得持久的精神依傍。

由此可见,文化自信源于并依赖于人的本质力量的自信以及反映本质力量的主体精神自信,没有人的本质力量和主体精神的自信,即没有价值观自信,根本就不会有文化自信。正如郭建宁教授所说:

> 文化主体性与价值观自信是密切联系、内在关联的。文化主体性是价值观自信的前提,价值观自信是文化主体性的提升。价值观自信离不开文化主体性,文化主体性要体现为价值观自信。没有文化主体性,价值观自信就没有基础,不可能持久;没有价值观自信,文化主体性也无法体现,不可能深入。①

因此,中国共产党人又提出增强价值观自信论断。这是因为:

其一,从核心价值观的本质规定与核心功能来看,社会主义核心价值观既体现中国道路的本质,又表征中国理论的价值,更是中国制度对全社会的政治承诺与准则要求。②因此,坚守道路自信、理论自信、制度自信,也必须坚守以价值观自信为核心的文化自信。

马克思主义认为,观念上层建筑对经济基础、政治上层建筑都具有能动的反作用,即为经济基础、政治上层建筑服务,既维护和促进自己的经济基础、政治上层建筑的巩固和发展,又排除反对自己的经济基础、政治上层建筑。社会主义核心价值观反映了中国社会发展的内在要求,既起着维护和促进自己的经济基础、政治上层

---

① 郭建宁:《论坚持文化主体性与增强价值观自信》,《中国特色社会主义研究》,2014(6):81-82。
② 韩震:《必须区分核心价值观与道德生活价值观》,《中国特色社会主义研究》,2012(3)。

建筑巩固和发展的作用,又起着指引价值导向、明确价值取向、提供价值准则的作用。社会主义核心价值观是社会主义道路、社会主义理论和社会主义制度必须遵循的基本价值理念,是中国人民在建设中国特色社会主义伟大实践中奋力追求的价值目标。因此,如果我们提出了道路自信、理论自信、制度自信而没有提出价值观自信,如果我们坚守道路自信、理论自信、制度自信而没有坚守价值观自信,那就难以支撑并保持民族精神的独立性,这就需要在坚守道路自信、理论自信、制度自信的同时,也必须坚守价值观自信,以便更充分地体现中国特色社会主义自信话语体系"四位一体"的整体性。

其二,从核心价值观的时代境遇来看,每一个时代的价值观念都是一种历史的产物。在其现实性上,社会主义核心价值观遭遇着前现代价值观念、现代价值观念、后现代价值观念的共时性出场。为了维护社会主义核心价值观的中心地位与主导作用,必须坚守价值观自信。

在社会主义国家,社会主义价值观自然是主导的价值观。我国是一个历史悠久的国度,传统价值观念仍遗存于社会生活之中;同时我国还是一个开放型国家,世界上各种社会思潮与价值观念充斥于社会生活之中。价值观念的多元与多变仅仅只是一种客观现实。"凡是现实的,都是合理的"。但现实的合理性是有其存在条件的,存在条件发生变化了,原有的现实将失去存在的合理性,进而退化为一定要消亡的现存。因此,"中国道路"奋力追求的"中国价值观",应该是既有主导又有批判、既有继承又发展,在结合世界时代尺度的同时化解当下中国社会所出现的价值观念真空化、错位化、悬置化、虚无化等问题,维护其中心地位与主导作用,彰显价值观自信。

其三,从核心价值观的在场反思来看,在问题与问题域发生根本转变之后,指引问题解答的价值观念也应该发生转向,这就需要社会主义核心价值观不断地"出场",如此才能保证其永恒地"在场"。

社会主义核心价值观经历时空语境的转化,也经历了革命、建设与改革等不同实践主题下的演进。当年围绕"建设一个什么样新世界、怎样建设一个新世界"而建构起来的社会主义核心价值观,因为历史间距不能完全指引解答"什么是社会主义、怎样建设社会主义";马克思、恩格斯结合对资本主义社会主导价值观的批判而建构起来的"人的全面而自由的发展"这一社会主义的核心价值观,既因为历史间距,又因为空间间距,同样也不能完全指引解答"什么是社会主义、怎样建设社会主义"。社会主义核心价值观不仅是对当代中国特色社会主义做出的价值实践要求,在新时代还要辐射世界;不仅"着眼于新的世界结构如何造就了中国问题的特殊性",还"着眼于中国人民根本利益与推动世界和平、开放、和谐、整体发展的一致性,构建普遍的问题视域"[①];不仅着眼于本土思想和话语的"大众化",还强调世界受众的需要。

其四,从核心价值观培育和践行的效度来看,坚守价值观自信,更有利于培育和践行社会主义核心价值观。

社会主义核心价值观的科学性,只是践行者内化于心、外化于行的必要条件,而不是充要条件;科学性只是产生良好培育与践行效度的前提基础。一般来说,培育和践行社会主义核心价值观需经历一个由倡导培育到融入转化,到自觉认同,再到日常践行,最后到社会蔚然成风等五个环节所构成的完整过程。任何一个环节的内部转化都是至关重要的,一旦出现机制性"病变",就将影响到社会主义核心价值观培育和践行的时效性和实效性。而在这五个环节中,"自觉认同"是最为关键的一环,只有内化于心才能外化于行。由此可见,培育和践行社会主义核心价值观是否有效,最终取决于社会大众是否相信。假若相信,其认同度与践行度就高,反之其认同度与践行度就低。坚守价值观自信,将助推社会主义核心价值观内化为社会大众的精神追求和外化为其行为规范。

第二节 价值观自信的概念解证

既然中国共产党人提出要增强价值观自信,那么价值观自信究

[①] 任平:《走向"后中国特色"的中国化:中国道路与中国价值的出场意义》,《江苏行政学院学报》,2012(3)。

竟是指什么呢？我们有必要对其进行解证。在正式厘定"价值观自信"之前，我们需要先对"价值观"与"自信"这两个上位概念①进行系统梳理，因为"价值观"与"自信"的含义是价值观自信研究的逻辑起点。

一、价值观概念的考察

回答"价值观是什么"是每一个价值观研究者都不可回避的问题，但正是这个前提性问题使得每一个价值观研究者又都颇费脑筋，因为价值观可以被视为最为复杂的词语之一，从古至今，不同学科已经衍生出了无数个"价值观"概念：

《文化学辞典》把价值观界定为"一种为全体社会成员接受的，存在于人们的思维意识之中的，用以对事物、观念进行'是非'、'好坏'、'善恶'、'值得追求'与'应该抛弃'等判断的观念标准体系"②。这一界定把价值观看成一个复数概念而不是单数概念，即把价值观看成"价值判断观念体系"。

克拉克洪（Kluckhohn）把价值观界定为一种外显的抑或内隐的、有关"什么是值得"的看法。③这种看法影响着群体或者个体的目标取向和行为方式。这一界定既明确了价值观的主体，也明确了价值观的存在形式，还强调了价值观的导向作用。

罗克奇（Rokeach）认为价值观是脱离了任何具体事物或者情境（或积极或消极）的抽象观念，是个体或者社会对行为方式与终极目标的一种持久的信念信仰。④

施瓦茨（Schwartz）认为"价值观是合乎需要的超越情境的目标，它们在重要性上不同，在一个人的生活中或其他社会存在中起

---

① "上位概念"亦称"属概念"，与下位概念（种概念）相对，是指具有从属关系的两个概念中外延较大的概念。
② 《文化学辞典》，中央民族学院出版社 1988 年版，第 348 页。
③ Kluckhohn C. Values and Value Orientations in the theory of Action-An Exploration in Definition and Classification//Parsons T, Shiles EA. Toward a General Theory of Action. Cambridge. Mass: Haward Univ. Press 1951: 395.
④ Rokeach M. The nature of human values. New York: Free Press 1973.

着指导原则的作用"①。这一理解突出了价值观的目标、作用以及对行为的动力意义。

黄希庭等人把价值观理解为符合或违背自己意愿的，用以对事物、观念进行区分好坏、美丑、益损、正误等的观念系统。由于这一观念系统带有主体的意愿，它往往充满情感，并以此为主体的行为正当性确证理由。如此，价值观不仅具有意识的倾向性、评价的主观性，还具有社会历史性、行为的选择性等特征。②

杨国枢认为价值观是内在地包括认知、情感、意向等成分的，对特定行为、事物、状态或目标保持着持久性偏好的信念。③这一界定把价值观看成一种偏好。

许燕认为价值观是指人们对客观事物、现象以及对自己行为结果的意义、作用、效果和重要性的评定标准或尺度，是推动并指引人们决策和采取行动的核心要素。④

郭凤志认为价值观是在价值观念的基础上生成的，是关于事物价值观念的内核和基本精神，一旦形成又对价值观念起统摄和制约作用。⑤这一界定说明"价值观比价值观念更为根本，它是价值观念的核心和基础"⑥。

虽然无法准确统计学者们对"价值观"下了多少种定义，但以上理解已经让人感到眼花缭乱、莫衷一是了。我们无意给价值观重新下一定义，只是想凭借前人的理解，从众多界定中理出一个思路来。

按照马克思的讲法，"观念的东西不外是移入人的头脑并在人的

---

① Schwartz SH, Bilsky W. Toward a psychological structure of human values. J Pers Soc Psychol 1987(53).
② 黄希庭、张进辅、李红：《当代中国青年价值观与教育》，四川教育出版社1994年版，第7-10页。
③ 杨国枢：《中国人的价值观——社会科学观点》，桂冠图书公司1993年版，第65页。
④ 许燕：《北京大学生价值观研究与教育建议》，《教育研究》，1999（5）：33。
⑤ 郭凤志：《价值、价值观念、价值观概念辨析》，《东北师范大学学报》（哲学社会科学版），2003（6）：45。
⑥ 袁贵仁：《价值观的理论与实践：价值观若干问题的思考》，北京师范大学出版社2006年版，第131页。

头脑中改造过的物质的东西而已"[①]。从这个意义上讲，价值观的产生是以价值问题的客观存在为前提和基础的。因此，价值观在通俗的意义上讲，就是价值观念的简称，是指人们对价值问题的立场、看法和观点。但我们更倾向于学术界对"价值观"与"价值观念"所作的严格区分：第一，价值观与价值观念之间是一般与特殊、抽象与具体的关系。价值观是关于价值问题的根本看法，是对价值观念的抽象与概括。价值观念则是价值观在不同领域、不同层次、具体问题上的表现，依据不同划分标准，会有不同的价值观念。第二，价值观比价值观念更笃定如山。因为在特定的时空条件下，人对各种社会关系的是非判断，在条件不变的情况下，基本上是一个看法和评价。只有在经济地位、世界观与人生观都发生变化的情况下，他（们）的价值观才会随之而变。

  从哲学层面来说，价值观可分为一般价值观与具体价值观两种。一般价值观所反思的对象是价值一般及价值观念一般，属于价值论意义上的价值观，即对"价值（观念）"本身的看法与观点，主要探讨价值（观念）的本质特征、基本属性、主体性与历史性、评价尺度、与实践的关系等。具体价值观是人在社会实践中所形成并表现出来的以什么为有价值或无价值、为追求目标或拒斥对象的反思，属于价值追求意义上的价值观，即人们对自身利益所在的意识，主要探讨人追求何种价值、追求何种利益目标。我们讲"社会主义核心价值观""多元价值观""主导价值观"等时，所说的"价值观"就是价值追求意义上的价值观。本书讨论价值观自信，所说的"价值观"属于价值追求意义上的价值观。就我国而言，它反映了社会主义中国在坚守不移地走中国特色社会主义道路时追求何种价值、追求何种利益目标。因此，它具有稳定性与主导性。就稳定性而言，只有当社会的根本性质与主体的根本利益发生了变化，与之相关的核心价值观才可能随之而变。就主导性而言，社会主义核心价值观

---

① 马克思、恩格斯：《马克思恩格斯文集》（第五卷），人民出版社2009年版，第22页。

处于价值体系的核心地位，在总体上决定着主体的价值选择，是中国人奋力追求的价值目标、价值取向以及价值准则。

二、自信概念的考释

在通俗的意义上讲，自信就是自己相信自己。从字源上来看，在《辞源》中"自"的含义共有七种，即"① 自己，己身；② 开始，起头；③ 自然；④ 从；⑤ 因为，由于；⑥ 虽，即使；⑦ 苟，假如"[①]。而"信"的含义则相对丰富，在《辞源》中共有九种，即"① 诚实，不欺；② 信从，信任；③ 的确；④ 任意；⑤ 符契，凭据；⑥ 使者；⑦ 消息；⑧ 再宿；⑨ 舒展，伸张"[②]。"自"的第一种含义与"信"的第二种含义所合成的意义最能指向于"自己相信自己"。《辞海》[③]与《现代汉语词典》[④]都采用此释义。

在英语中，self-confidence/self-assurance/self-trust 主要是指个体通过信任自己获得一种情感效能；Assertiveness 则是指沟通技能越强的人越能获得一种自我效能感。

从历史的角度来看，"自信"一词的使用是源远流长的。孔子曰："吾心信其成，则无坚不摧；吾心信其不成，则反掌折枝之易亦不能。"孟子说，"有诸己为之信""谨而信""敬事而信"。《墨子》载："虽杂庸民，终无怨心，彼有自信者也。"《韩非子》讲郑人置履"宁信度，无自信也"。《旧唐书》中言："朕今信卿，卿何不自信也？"

关于自信的研究散见于各学科领域，同样是仁者见仁、智者见智。

马斯洛（Maslow）从其需要层次理论出发，认为自信是自尊需要获得满足时产生的一种情感体验，并指出尊重需要缺乏满足则导致沮丧和自卑。[⑤]如此，一个具有足够自尊的人，总是更具自信，更有自我效能感。

[①] 商务印书馆编辑部：《辞源》（合订本），商务印书馆1988年版，第2819页。
[②] 商务印书馆编辑部：《辞源》（合订本），商务印书馆1988年版，第114页。
[③] 《辞海》编辑委员会：《辞海》，上海辞书出版社1999年版，第5070页。
[④] 雅图辞书编委会：《新编现代汉语词典》，吉林出版集团有限责任公司2012年版，第1576页。
[⑤] 马斯洛：《动机与人格》，许金声译，华夏出版社1987年版，第76页。

库珀史密斯（Coopersmith）把自信解释为个体在何种程度上认为自己能干、重要且有价值。①这就表达出个体对自己的能力、身份、成就以及价值作出一种积极赞许的态度。

车文博把自信解释为个体相信自己的能力和精力的一种自我意向。②

张春兴认为"自信指个人信任自己，对自己所知者与所能者具有的信心，对自己所做的事或所下的判断不存有怀疑"③。

车丽萍把自信理解为"是一个具有复杂结构的心理构成物，是个体对自己的积极肯定和确认过程，是对自身能力、价值等作出客观、正向认知与评价的一种稳定的性格特征"④。并从"建构"的角度认为成就动机与自信之间"呈极其显著的正相关，即个体成就动机愈高，追求成功的愿望愈强烈，对自身诸方面的肯定与确认亦愈多、愈自信"⑤。

事实上，作为一种心理积淀机制，自信从一开始就是社会的产物，不管人们是否真正意识到它。因为在改造世界的实践活动中，存在着"作为规定的主体的存在中所具有的对自己的确信，就是对自己的现实性和世界的非现实性的确信"⑥。如果主体没有"对自己的现实性和世界的非现实性的确信"，就不可能"以自己的行动来改造世界"，并把"改造世界"的实践活动进行下去。同时，我们还必须清醒地意识到，自信不仅指向自身，还指向他者。因此，我们所谓的"自信"，内在地包含四种基本释义：① 指向主体自我的自己相信；② 指向主体自我的身体力行；③ 指向他者的包容差异；④ 因比较而产生的优越感、尊荣感、自豪感。第一、二种释义旨在突出主体知行合一；第三种释义旨在突出对他者的宽容；第四种释义旨在

---

① Coopersmith, S. The antecedents of self-esteem. San Francisco: Freeman.1967.
② 车文博：《苏联个性心理学基本理论问题评介》，《心理科学通讯》，1985（4）。
③ 张春兴：《张氏心理学词典》，上海辞书出版社1992年版。
④ 车丽萍：《自信的概念、心理机制与功能研究》，《西南师范大学学报》，2002（2）：87。
⑤ 车丽萍：《大学生成就动机、性格特征、控制点与自信关系的研究》，《研究应用心理学》，2003（2）：89。
⑥ 列宁：《列宁全集》（第55卷），人民出版社1990年版，第182页。

突出行为后果产生的自我效能。这既体现主体的知与行相统一，又体现自我与他者相统一，还体现行为过程与行为结果相统一。

从以上分析我们可以看到：第一，自信是一个主体性概念，即自信作为自我体验的需要是存在于每个人的意识之中的，因此，"自我"是理解自信的基本线索。第二，自信是一个心理学概念，即自信是一个具有复杂层次结构的心理构成物，是主体对自己的积极肯定和确认程度，是对自身能力、价值等作出客观、正向认知与评价的一种稳定性格特征，因此，"能力"是理解自信的基石。第三，自信的本质是确定性，即针对自我整体或者某一特定领域的判断所作出的确定性。立足于这三个方面，我们可以把自信可分为整体自信与具体自信。整体自信是指主体（我或我们）对自我整体长期维持的积极肯定的心理积淀机制。具体自信则是指主体（我或我们）对自我某方面所维持的积极肯定的心理积淀机制。

三、价值观自信概念的考辨

价值观自信既是一个与人们的日常生活密切相关的现实问题，也是一个处于理论交锋前沿的重大理论问题。尽管近几年来围绕价值观自信进行了多维度、多层次的研究，但总体上尚处于初步研究阶段，这是因为"从目前检索的情况来看，以专题形式对价值观自信的理论机理、历史逻辑、现状特征、评估体系、培育方法等问题进行系统研究还相对欠缺，至今尚未检索到任何学术成果"[①]。对这些问题做出明确的、令人信服的回答，依然是理论界面临的一大难题。而概念的界定是整个研究的逻辑起点与理论基石，没有厘定概念的研究就如同建在流沙上的高楼，基础不牢；又好似去楚国的魏人，研究越深入，离事实的真相也许会越远。目前学界对"价值观自信"进行界定也是初步的，尚未形成共识，且多是描述性的。例如，邱仁富认为：

---

① 周珂、韩佳佳：《国内关于价值观自信的研究综述》，《衡阳师范学院学报》，2015（4）：174。

当代中国价值观自信至少包含四个层次：一是对自身价值观有基本的确信，即相信自己；二是在中国道路实践过程中形成的价值观自信，是在实践基础之上形成的价值信心；三是在实现中华民族伟大复兴进程中的价值信仰，即对未来活动的价值预期的实践自信；四是脚踏实地，在实践中坚持我们自己做的事情，形成攻坚克难、持之以恒的实践信念，即对从事某种实践活动的信心等。①

杨振闻认为：

价值观自信，首先就是对社会主义核心价值体系的一种自信，但其根本内容则是对社会主义核心价值观的一种自信，同时还是基于'三个自信'基础上的一种自信。②

颜晓峰、耿超认为：

中国特色社会主义价值观自信，是一定主体对中国特色社会主义价值观的充分肯定和坚定信念，是道路自信、理论自信、制度自信的根本与基础，是文化自信的核心与灵魂。③

周珂、韩佳佳认为：

价值观自信是人对自身价值观和价值观念的肯定性的自我评价，它是人所具有的最根本、最稳定的自信形式。④

向玉乔、沈莹认为：

价值观自信是价值观主体对自身建构与坚持的价值观的真理性所抱持的确信态度，价值观自信可区分为个体价

---

① 邱仁富:《价值观自信的基本问题辨析》,《思想理论教育》, 2016 (11): 17。
② 杨振闻:《价值观自信论纲》,《毛泽东研究》, 2016 (1): 106。
③ 颜晓峰、耿超:《论中国特色社会主义价值观自信》,《社会主义核心价值观研究》, 2015 (1): 40。
④ 周珂、韩佳佳:《价值观自信的哲学观照与概念辨析》,《广东开放大学学报》, 2015 (5): 26。

值观自信与集体价值观自信。①

武昕、康秀云认为：

> 社会主义核心价值观自信所要树立的既是社会群体对于社会主义核心价值观的认同，也是每一个社会个体成员对于社会共同价值追求的高度认同，以及将之付诸实践的信念和信心。社会主义核心价值观自信的倡导破除了价值观教育知识化的弊端，依循"认知—认同—践行"的基本规律，将注重价值认知与引导价值实践相结合、社会核心价值观与个人价值观念相结合、核心价值观的内化与外化相结合，突出了价值观在社会主体和个人主体层面的价值意义，将社会主义核心价值观的培育和践行重塑为"以人为本"的教育实践和生活实践，将关注的重点直指多元文化碰撞和软实力竞争背景下社会与个体主体价值观念的自我定位、践行意志。社会主义核心价值观自信是对价值追求的高度认同，是保持民族精神独立性的重要支撑。②

武昕、康秀云还认为：

> 社会主义核心价值观自信是在理性认知、实践验证、比较研判基础上，形成的对于社会主义价值观主体、内容和发展趋势的坚定信仰和执着坚守。其在主体上体现为对于党和人民主体地位的自信，在内容上体现为对中国特色社会主义价值的坚定信仰，在比较视域下体现为全球化视野下对"本来"和"初心"的执着坚守。③

以上学者的界定为我们理解"价值观自信"这一概念提供了有益参考和诸多启示。在此基础上，笔者尝试作出自己的解答。

---

① 向玉乔、沈莹则：《论价值观自信》，《唐都学刊》，2017（1）：29。
② 武昕、康秀云：《社会主义核心价值观自信的主体意蕴、生成逻辑与培育策略》，《广西社会科学》，2018（9）：24。
③ 武昕、康秀云：《社会主义核心价值观自信的三重释义》，《思想政治教育研究》，2018（4）：33。

在概念等级框架中,"价值观自信"与"价值观""自信"这两个上位概念存在着"种类等级"与"缩减亚类型"的关系。"种类等级"是一种支持概念之间相比较的基础性概念等级形式,它脱胎于乔万尼·萨托利（Giovanni Sartori）构想的"抽象的阶梯"①。这一分析工具旨在告诉我们：下位概念是上位概念的一个"种类",上位概念是由诸多下位概念嵌套式共同构成；越是上位概念越不具有界定属性,或者说进一步普遍化的概念具有更少的界定属性。例如,政治价值观、经济价值观、文化价值观、道德价值观等概念就是嵌于"价值观"这一上位概念的下位概念。而"缩减亚类型"②是建立在我们能够富有意义地识别许多现象和实体的各个"局部"的基础之上,且关注的焦点集中于这些局部中的一个（或某些）被遗漏的或仅被部分展示的,且其余的所有部分已被展示的那些缩减案例。这一分析工具旨在告诉我们：当人们承认那些被遗漏的或仅被部分展示的特定属性的存在,并以此作为亚型的缩减特征时,它依旧具有那些应当存在的其他属性。例如,当人们把"自信"理解为"自己相信自己"就是相对于"自信"这一清晰周界概念发生缩减后所得到的缩减概念：在指向他者的意向上发生遗漏。

借助"种类等级"与"缩减亚类型"这两个分析工具,按照上述对"价值观"与"自信"的理解,在类型学层面,我们把价值观自信分为四类：一般价值观的整体自信、一般价值观的具体自信、

---

① 美国政治学家乔万尼·萨托利在《比较政治中的概念误构》中界定了抽象的三种范畴：第一,普适性的概念化是概念抽象的高级范畴,其可以在异质的背景下进行跨地区的、全球性的比较。这一概念形成的特征是外延最大化且内涵最小化。对概念外延的界定往往通过否定性定义来实现；第二,一般性的概念化是概念抽象的中级范畴,其可以在相对同质的背景下进行地区内国家的比较。这一概念形成的特征是在外延与内涵之间保持某种平衡。对概念的界定主要通过属加种差来实现；第三,轮廓性的概念化是概念抽象的低级范畴,其主要用于国别分析。参见 Giovanni Sartori. *Concept Misformation in Comparative Politics, The American Political Science Review*, Vol. 64, No.4, 1970: 1044.
② 缩减亚类型是科利尔发展了萨托利关于"沿着抽象阶梯向上或向下的分析策略",并以等级、亚类型和总括性概念等为基础构建了一个新的概念分析策略图。参见 David Collier and Steven Levitsky. *Democracy with Adjectives: Conceptual Innovation in Comparative Research, World Politics*, Vol. 49, No. 3, 1997: 430-451.

具体价值观的整体自信、具体价值观的具体自信。细言之，一般价值观的整体自信即为主体对自我所秉持的一般价值观长期维持着整体性的积极肯定的心理积淀机制；一般价值观的具体自信即为主体对自我所秉持的一般价值观维持着某方面的积极肯定的心理积淀机制；具体价值观的整体自信即为主体对自我所秉持的具体价值观长期维持着整体性的积极肯定的心理积淀机制；具体价值观的具体自信即为主体对自我所秉持的具体价值观维持着某方面的积极肯定的心理积淀机制。这四个具体类型的自信既相互区别又相互联系，共同构成价值观自信系统。我们所指的"价值观自信"即为社会主义价值观自信。作为一种心理积淀机制，它特指以中国人民的价值实践能力为标志的关于自身利益所在和价值追求——社会主义核心价值观——的积极肯定的态度和看法。对照价值观自信四个亚型，我们认为社会主义核心价值观自信隶属于具体价值观的整体自信。

首先，社会主义核心价值观是一种具体价值观。在前世界历史期，人类都是以分离的状态——自觉的群体而又自发的类的形式栖居于地球，在这种分离状态下形成了各民族、各国家彼此之间存在差异而又自成体系的价值观念。当历史进入世界历史时期，人的自发的类性发展为自觉的类性，人的类聚合性明显增强。与此相应，人类对一些基本价值理念和价值原则有了某些"共识"，这些"共识性"的价值理念和价值原则构成了作为类整体的人的价值观的基本内容。正是在这个意义上讲，世界历史时期的价值观念正在呈现出某种趋同性。尽管价值观念的生成与发展是差异化的，且差异性是绝对的，但我们不能否认这种趋同性，只要类整体的人依然存在着。人类价值观念不断趋同的走向表明，各民族国家的价值观已经不再是原初意义上的性质差异化的价值观，而是正在成为类性价值观念的差异化形态，是人的类性价值观不断形成、民族国家价值观依旧多元化的必然结果。例如，全球存在着中国特色"社会主义核心价值观"、新加坡"共同价值观"、美国核心价值观，等等。

其次，对社会主义核心价值观坚守的自信是一种整体性自信。对此有三点理由：一是价值观自信体现并表征"四个自信"。社会主义不仅是一种理论体系、历史运动和社会制度，同时也是一种价值观，因此，中国特色社会主义自信话语体系也应该是"四位一体"的：道路自信、理论自信、制度自信与文化自信。道路自信、理论自信、制度自信、文化自信内含并体现价值观自信，它们之间的历史生成、辩证运动以及相互影响，既向人们展现中国特色社会主义自信话语体系的动态性、历史性与具体性，又防止了人们对中国特色社会主义自信话语体系作"断裂化""碎片化""特殊化"理解。二是社会主义核心价值观在价值目标、价值取向与价值准则上不仅面向中国大众，而且注重发现问题的解答方式与经验的世界意义，在着眼于本土思想和话语的"大众化"基础上将中国的优秀传统价值观通过文化传播径达世界受众。在人类进入世界历史之后，在资本逻辑的造就下，价值观念差异化发展，逐渐形成了价值观的二元结构，而且是"使未开化和半开化的国家从属于文明的国家，使农民的民族从属于资产阶级的民族，使东方从属于西方"①。因此，一方面，人类共识性价值观和民族性价值观的矛盾关系内生于"中国特色"之中；另一方面，"中国特色"正是社会主义中国在价值实践上对人类共识性价值观和民族性价值观矛盾关系所作的历史性解答。如果说在世界走入中国的过程中，是一般性走向特殊性——人类共识性价值观念不断中国化的话，那么，在中国走向世界的过程中，就是特殊性走向一般性——社会主义核心价值观要观照世界问题。三是社会主义核心价值观遭遇着前现代、现代、后现代的共时性出场，经历了不同于西方的复杂时代判定，不断选择又不断综合创新，最终凝练而成。正因为前现代价值观念、现代价值观念、后现代价值观念在中国共时性出场，传统价值观念仍遗存于社会生活之中，世界上各种社会思潮与价值观念也充斥于社会生活之中。这个"复杂时代"的复杂问题，需要科学的理论给予回应与解答。社会主义核心价值观立足于价值观领域出现的多元化、真空化、虚无化、倒置化、悬置化、错位化等问题，构建了认知方式，提供了行动导向，在解决问题中流淌着一种不自觉的优越感、尊荣感、自豪感。

---

① 马克思、恩格斯：《马克思恩格斯文集》（第2卷），人民出版社2009年版，第36页。

第三节　价值观自信的本质内涵

根据以上对"价值观""自信"以及"价值观自信"概念的梳理，我们可以看到，谁的自信、自信什么等问题是需要集中思考的。这些问题体现了价值观自信的本质内涵。

一、价值观自信的三重意蕴

既然我们把"价值观自信"界定为以主体的价值实践能力为标志的、关于自身利益所在和价值追求的积极肯定的态度和看法，那么，价值观自信的意蕴就有三重。一是基于主体的，即指向主体自我的自己相信与身体力行的心理状态；二是基于价值观特殊性的，即沉浸在价值观基本内容的特殊性之中的自信；三是基于价值观科学性的，即因价值观科学性而使得主体践行产生强大自我效能。

基于主体的价值观自信，就是指无论主体所秉持或信奉的价值观怎样，作为价值观念的承载主体，你都必须自信。从宏观层面上来说，在改造世界的实践活动中，如果主体没有"对自己的现实性和世界的非现实性的确信"，就不可能"以自己的行动来改造世界"，并把"改造世界"的实践活动进行下去。从微观层面上来说，主体如果没有这种心理机制，就不可能产生积极能动的行为，进而就不会去关注自身利益所在和追求价值目标了。显而易见，基于主体的价值观自信就是依附于主体自信的价值观自信。当然，价值观自信不仅指向主体自身，还指向他者。这既体现了主体的知与行相统一，又体现了自我与他者相统一，还体现了行为过程与行为结果相统一。如此，主体有何理由对自身所秉持或信奉的价值观不自信呢？

价值观念的差异化生成，使得各民族、各国家的价值观念自成体系。但在世界历史时期，人类价值观念正在呈现出某种趋同性。"共识性"价值观念的客观存在表明，现代价值观念之特色，已不是原初意义上的差异化性质，而是人类共识性价值观念的差异化形态。

今天我们所理解的"特色价值观"是在类性价值观形成之后，或者趋于形成时，最起码是差异化的价值观有了交互活动之后才产生的新事物，是人的类性价值观不断形成、民族国家价值观仍然多元化的必然结果。基于此，主体对自身所秉持或信奉的价值观的特殊性都有沉浸其中流连忘返的深深自信，因为这种价值观念的生成、发展，既是主体所为的，又是为主体的，它深深地嵌入主体的言行之中，其他任何价值观念若不与之相重构、融合而生硬地放在这里，那必定与之格格不入、针锋相对。如此，非常推崇价值观特殊性的主体又有何理由不对自身所秉持或信奉的价值观深度自信呢？

只要类整体的人依然存在着，我们就不能否认人类存在着"共识性"的价值理念和价值原则。"共识性"既是价值观沟通与交流的内在根据，也是价值观比较与借鉴的基本平台，更是展现其科学性的根本遵循。若某种价值观的基本内容在交流、比较、竞争中能成为更多的"共识性"内容，那么它的科学性就会增色，进而主体对这种价值观的自信就会油然而生；反之，主体则可能产生价值观焦虑、价值观纠结、价值观自卑等情结。科学的价值观一旦被主体所践行，必须产生强大的自我效能，即认同得越深刻、认同得越广泛，践行得越持久、践行得越广泛，越是海纳百川、美美与共的，价值观自信也越有基础、越有厚度；同样，自信得越坚定、自信得越有力，认同、践行、宽容也越自觉，越有动力。

二、社会主义核心价值观自信的基本内涵

就本书的主题而言，它是特指以中国人民的价值实践能力为标志的关于社会主义核心价值观的积极肯定的态度和看法。其基本内涵就是"对价值追求的高度认同""是保持民族精神独立性的重要支撑""破除对'普世价值'的盲从"[①]。

第一，坚定价值观自信，就是要高度认同我们的价值追求。长期以来，我国社会意识形态领域始终处于"多元、多样、多变"与

[①] 佚名：《价值观自信》，《光明日报》，2015-01-03（4）。

"多中求一"两级张力之中。这种张力在现实性上并不是适度的,而是紧张的。我们置身于同一个命运共同体之中,我们需要价值共识。不破除两极紧张,就难以达成价值共识。而破除两极紧张的学理依据就在于"多"与"一"辩证统一,即对多样性的"意识"、多元化的"价值观念"进行"形态化"的努力,谋求价值共识。根据《中国伦理道德报告》与《中国大众意识形态报告》提供的相关数据来看,社会大众意识形态正在向"二元聚焦"①,因此,当前既是社会大众生成价值共识的高度敏感期,也是社会主导价值观干预大众意识形态的最好机遇期。进而,面对二元聚集的严峻现实,必须能动地推进合"二"为"一"的"形态化"进程,生成大众意识形态的合理价值共识。而社会主义核心价值观就是最大公约数。它能够实现"'我'成为'我们'的伦理觉悟",能够对社会大众进行一场以"'单一物和普遍物的统一'为价值的精神洗礼",能够使社会大众"回归民族文化传统和伦理道德家园"②。

第二,坚定价值观自信,就是要保持民族精神的独立性。当我们强调"保持民族精神的独立性"时,就意味着隐喻了民族精神存在依赖性的可能。这种"依赖性"是客观存在的,只要我们不否定联系的客观性与普遍性。在其实现性上,世界性的交往使得不同民族精神相互影响、相互渗透,也使得不同民族精神在世界文化体系

---

① 具体情况如下:(1)"对道德状况'基本满意'的判断是主流,占69.7%,其理由是'虽然不尽如人意,但还是在不断改善'……但对目前的人际关系,'不满意'的判断是主流,占73.1%"。道德状况的基本满意与人际关系的基本不满意,两种判断都达到较高的社会一致性,其实质则表明当代中国精神结构呈现出"道德—伦理悖论关系"。(2)"关于当今中国实际信奉的道德价值,认为'义利合一,以理导欲'的占49.2%,但选择'见利忘义,个人主义'的占42.9%",呈现出明显的"道德原则"与"物质利益"截然对峙的样态。(3)"对目前中国社会的道德公正状况,即道德与幸福关系的状况,49.9%作出肯定性选择;但49.4%认为道德与幸福不能一致或没有关系",呈现出明显的"道德状况"与"幸福状况"截然对峙的样态。(4)对于个体德性与社会公正的关系,"总体上,主张德性论或德性优先(48.9%)和主张公正论或公正优先(50.0%)的选择基本相当",呈现出明显的"社会公正"与"个体德性"截然对峙的样态。参见樊浩:《中国伦理道德报告》,中国社科出版社出版2012年版,第7-18页。
② 樊浩:《中国社会价值共识的意识形态期待》,《中国社会科学》,2014(7):4。

中扮演着特殊角色，发挥着独特功能。关联性越强，越能真正彰显独立性。原始状态下无关联的独立，仅仅只是一种孤立。但民族精神必须独立，精神不独立，一个民族必然成为其他民族的文化附庸。这种独立是联系中的独立，而不是无关联的孤立。那么，怎样才称得上是"保持民族精神的独立性"呢？我们描述性地理解为：在认识问题、分析问题、评价问题、解决问题时绝不是人云亦云、亦步亦趋，而是依据自己独立的思维去认识世界，依据自己独立的判断去评价世界，依据自己独立的方法去改造世界。换言之，在认识世界层面上，我们有中国特色的思维方式；在评价世界层面上，我们有中国特色的价值立场；在改造世界层面上，我们有中国特色的方法路径。应该说中华民族精神之独立性本来是不成问题的，中国梦的提出能证明之，中国道路的成功实践能证明之，近代以来血泪抗争能证明之，五千年民族文化绵延亦能证明之。但在西方文化霸权强势主宰与意识形态强势渗透下，这个不成问题的问题不可小觑：一些社会大众，特别是相当一部分社会精英不知不觉从思想上缴了枪。受"历史终结论"影响者，认为人类社会没有替代现状的其他选择，因此也就不必再折腾什么。主张全盘"西化"者，则认为"拿来"必须"全面""全方位"，那种零星半点的"拿来"，不具系统性与整体性，把包括西方价值观在内一切照单全收，最为全面、最为系统。就这样，中华民族的"精神独立性"被削弱、被淡化。但问题的重要性不在于我们是否意识到要保持民族精神独立性，而在于我们如何呵护、涵养民族精神的独立性。培育和践行社会主义核心价值观，坚定价值观自信，才是保持中华民族精神独立性最为关键的举措。

第三，坚定价值观自信，就是要破除对"普世价值"的盲从。在当下中国社会意识形态领域中，"普世价值"指的是以资本主义核心价值观为核心的、试图消解社会主义理想、颠覆中国共产党政权的"思想武器"。破除对"普世价值"的盲从，就是从"思想武器"这个"所指"意义来谈的。在理论上，"普世价值"以消解社会主义理想为前提，认为人类社会发展到资本主义社会就没有替代现状的其他选择，鼓吹资本主义的社会价值与制度架构就是"历史的终结"；

在实践上,"'普世价值'根本否定中国特色社会主义的民主政治建设,完全割裂中国改革开放中经济体制改革和政治体制改革间的内在联系,力图把中国的改革开放引导到'回归西方文明'的方向,把中国的政治体制改革引导到西方'民主化'的陷阱"①。从这个意义上讲,不是破除了对"普世价值"的盲从而妨碍中国特色社会主义的发展,相反,正是社会大众对"普世价值"产生了盲从才干扰我们坚持中国特色社会主义。我们不能否认人类存在价值共识、存在共同利益,但我们也不能否认有差异的主体有着不一样的价值想象。人类共同的价值追求,在其现实性上,往往都是作为该时期社会主流价值而存在的,因为"任何一个时代的统治思想始终都不过是统治阶级的思想"②。从目前的世界格局来看,资本主义把持着强势话语权,凭借文化霸权以"普世价值"之名到处传播资本主义核心价值观。只要人们内化并践行那种有资本主义性质的"普世价值",也就意味着我们背离了中国特色社会主义。那么为什么有人会盲从呢?这是因为"占统治地位的将是越来越抽象的思想,即越来越具有普遍性形式的思想"③。"抽象化"是资本主义核心价值观上升为"普世价值"最为关键的一招,它把一切特殊性都给遮蔽了。看似"普世",实为"特殊"。只有扎实培育和践行社会主义核心价值观,坚定价值观自信,才能为社会主义留下一席之地。

---

① 侯惠勤:《我们为什么必须批判抵制"普世价值观"》,《马克思主义研究》,2009(3):5。
② 马克思、恩格斯:《马克思恩格斯文集》(第2卷),人民出版社2009年版,第51页。
③ 马克思、恩格斯:《马克思恩格斯文集》(第1卷),人民出版社2009年版,第552页。

第二章

正本清源：
马克思主义价值观
自信思想之探研

马克思主义是人类文明宝库中的奇葩。马克思和恩格斯所开创的科学社会主义事业，170多年来跌宕起伏，波澜壮阔，显示了强大的生命力，已使近现代史深深地打上了马克思主义的烙印，也使很多过去并不了解马克思主义的人开始找寻马克思主义。一旦人们真正了解了马克思主义，就会感到马克思主义"扩大了人类认识限度"①。但是，这是否意味着马克思有价值观自信思想呢？对此，我们不能事先假设，更不能用"设定"的思想来解析相关问题。任何观念上先入为主的研究终将"用自己的逻辑任意曲解马克思主义的观点；将自己的观点强加于马克思主义经典著作家；把不符合自己观点的马克思主义理论说成是已经过时的理论；把明显不符合马克思主义理论的私货说成是对马克思主义理论的发展；把其他种种不符合自己观点的观点统统视为非马克思主义的观点，如此等等"②。因此，研究马克思主义价值观自信思想，必须予以求证，必须避免那种"任我运用""听我解释""唯我正确"的学风。

第一节　马克思主义价值观自信思想之确证

判定一个人是否有某种思想，应以他论及的内容与该"思想的主旨"之间存在着的内在关联性作为判断依据。如果说他论及的内容与该"思想"之间存在着某种内在关联性，并符合该"思想"的"主旨"，那么就认为他具有这种思想；反之，就可认为他不具有这种思想。判定马克思有没有价值观自信思想，也应该且必须以此标准来进行。据此，我们需要阐明以下三个问题：一是价值观自信的"主旨"是什么？二是马克思、恩格斯是如何阐述相关内容的？三是马克思、恩格斯阐述的内容与价值观自信的"主旨"存在何种内在关联？只有弄清这三个前提性问题，我们才可能进一步探讨马克思

---

① [德]弗兰茨·梅林：《保卫马克思主义》，人民出版社1982年版，第301页。
② 桑玉成：《马克思主义理论学科建设面临的基本问题》，《思想理论教育》，2006（10）：36。

价值观自信思想的相关问题。

一、价值观自信的"主旨"

前文已经指出,作为一种心理积淀机制,价值观自信是指以人的价值实践能力为标志的关于自身利益所在和价值追求的积极肯定的态度和看法。其基本释义分为两个层面:第一个层面是指向主体自我的,即相信自己。它包括两个基本点:(1)态度上,自己相信,即自我认同;(2)行为上,身体力行,即自觉践行。第二个层面是指向比较对象的,同样包括两个基本点:(1)对他者的宽容;(2)通过比较而有一种不自觉的优越感、尊荣感、自豪感。从这四点基本释义来看,人对自身秉持的价值观念越认同越自信,越自信越认同;越践行越自信,越自信越践行;越宽容越自信,越自信越宽容;越自豪越自信,越自信越自豪。

真正的价值观自信,应该是一种整体性的而非断裂式的、碎片化的、特殊性的自信,是足以保持人之精神独立性的自信。换言之,价值观自信不是那种妄自尊大、孤情自恋、自我中心的盲目自信(自负),也不是那种坚守祖宗之法而故步自封、至多坚信道统的时代价值的犹豫自信(自卑),更不是那种依附他者价值观念、屈从价值霸权与强权的他信,而是一种以支撑人之精神独立性为导向的,既提升人之道德水平,又实现人之价值理想的积极肯定的态度和看法。它既表征主体对自身所持价值观念的纵深跃进之自我肯定,又表征人对自身所持价值观念的境界提升之自我确证,还表征主体对自身所持价值观念的方向性和深刻性之自我赞许。一部人类发展史,在一定程度上就是一部实现人的自身利益所在和价值追求的历史,就是一部力争人之精神独立性的历史。如果一个民族、一个国家缺乏价值观自信,就会意味着这个民族、这个国家丧失了维系社会和谐稳定、国家长治久安的精神纽带,进而陷入那种行无依归的境地。

真正的价值观自信,总是让人有一种对民族文化的认同,有一种置身于民族文化之中的尊荣感、自豪感。一个社会一旦普遍形成了这种认同与尊荣感、自豪感,便能极大地推动或者促进文化繁荣、社会进步。例如，费希特（Fichte）在《对德意志人民的讲演》以及《论学者的使命》等中就说到德国人那种强烈的民族文化认同与民族尊荣感、自豪感。这种强烈的民族文化认同与民族尊荣感、自豪感"创造出极其辉煌的成果"，甚至连"在历史上德国农民和平民所怀抱的理想和计划，常常使他们的后代为之惊惧"[①]。

  真正的价值观自信，总是让人有一种使命感，有一种敢于担当的责任意识。正是这种使命感与责任意识，不断地激励着人为自己所处的时代、所处的民族、所处的国家努力求索，贡献智慧与力量，推动社会进步与文化繁荣发展。一个有价值追求的人必定是一个有使命感与责任意识的人，一个通过实际行动来推动社会进步与文化繁荣发展的人。

二、经典作家的阐述

  应该要向大家说明的问题是，经典作家不是从问题学的角度讨论价值观自信问题的，也没有专门的论著。对于这一问题的梳理，我们以《马克思恩格斯文集》（以下简称《文集》）为蓝本，分两步展开：第一步梳理马克思、恩格斯关于核心价值观内容的阐释，旨在了解他们关于核心价值观的内容是什么。第二步是梳理马克思、恩格斯关于价值观自信的阐释，旨在了解他们关于价值观自信的论述有哪些。

（一）马克思主义的核心价值观

  综观《文集》，我们可以发现，在马克思、恩格斯那里，其核心价值观体现为"每个人的全面而自由的发展"这一思想，我们可以从恩格斯的两次对话中得到佐证。一次是瑞典社会主义杂志记者问及恩格斯"马克思主义最基本的信条是什么"时，他答复说：

    代替那存在着阶级和阶级对立的资产阶级旧社会的，

[①] 马克思、恩格斯：《马克思恩格斯文集》（第2卷），人民出版社2009年版，第220页。

将是这样一个联合体，在那里，每个人的自由发展是一切人的自由发展的条件。

这句话最能确切和恰当表述马克思主义最基本的信条。①一次是恩格斯在为《新纪元》周刊题词而致信意大利社会民主党人卡内帕（Canepa）时写道：

> 除了《共产主义宣言》中的下面这句话（《社会评论》杂志社出版的意大利文版第 35 页），我再也找不出合适的了："代替那存在着阶级和阶级对立的资产阶级旧社会的，将是这样一个联合体，在那里，每个人的自由发展是一切人的自由发展的条件。"②

经典作家们的著作也完全证明了恩格斯的观点。

认为"每个人的全面而自由的发展"是马克思主义的核心价值观，应该说很少有人会反对的。但是历史告诉我们，这并不等于我们已经对马克思主义的核心价值观有了准确的、一致的理解，因为在什么是马克思主义核心价值观这个问题上，在很长一个时期内，我们的理解并不一致、并不确切。

过去我们常说，社会主义是"各尽所能，按劳分配"，共产主义是"各尽所能，按需分配"。"按需分配"似乎成为马克思主义的核心价值观。这一说法虽然不错，但过于肤浅，它没有把握到马克思主义核心价值观的核心思想。马克思在《哥达纲领批判》中说：

> 在共产主义社会高级阶段，在迫使个人奴隶般地服从分工的情形已经消失，从而脑力劳动和体力劳动的对立也随之消失之后；在劳动已经不仅仅是谋生的手段，而且本身成了生活的第一需要之后；在随着个人的全面发展，他们的生产力也增长起来，而集体财富的一切源泉都充分涌

---

① 俞可平：《"人的自由而全面的发展"是马克思主义的最高命题》，[2014-12-12] http://www.aisixiang.com/data/13564.html。
② 马克思、恩格斯：《马克思恩格斯文集》（第 10 卷），人民出版社 2009 年版，第 666 页。

流之后,——只有在那个时候,才能完全超出资产阶级权利的狭隘眼界,社会才能在自己的旗帜上写上:各尽所能,按需分配!①

  这段话只告诉我们,"按需分配"只是说明"每个人的全面而自由的发展"程度的标志和客观条件,因为只有物质生活得到充分可靠的保障,人才有可能摆脱分工对自己的束缚,获得"全面而自由的发展"的时间和空间。离开"每个人的全面而自由的发展"来谈按需分配,恰恰表明我们还没有从物质财富对自己的支配中解放出来,还没有理解马克思主义核心价值观思想。

  过去我们还从马克思、恩格斯说过的"共产党人可以把自己的理论概括为一句话:消灭私有制"中,把马克思主义的核心价值观理解为"消灭私有制"。然而,在马克思、恩格斯看来,"消灭私有制"与"按需分配"一样,都是实现"每个人的全面而自由的发展"的客观条件。因为只要存在私有制,私有观念、个人主义、享乐主义就会遮蔽人的双眼,人就会把获取和享受更多的物质财富作为自己的目的,换言之,就会使自己处于物的支配下,生活在异化之中,这样,他就是不自由的,也就不可能得到全面发展。只要存在私有制和私有观念,人就会像动物一样处在达尔文主义"物竞天择,适者生存"规则的支配之下,受到物欲的主宰,人与人的关系也就像霍布斯(Hobbes)言说的"人对人是狼一样的",各种不道德、不人道的现象必然出现。马克思、恩格斯关注生产资料私有制消灭问题,目的还是在于实现"每个人的全面而自由的发展"。

  那么,马克思为什么把"每个人的全面而自由的发展"作为核心价值观呢?我们认为这与马克思、恩格斯对人的关注直接相关。在当时,市民阶层在社会生活中崛起,适应他们对金钱和现世物质享受的需要,要求把人从漫长的中世纪神对人的奴役中解放出来,为人满足物质欲望、追求物质享受的价值目标进行正名,这成为不

---

① 马克思、恩格斯:《马克思恩格斯文集》(第3卷),人民出版社2009年版,第435页。

可阻挡的社会潮流。而满足物质欲望的必要前提是拥有物质财富，而满足不断增长的物质欲望则要求物质财富不断增加，由此出现了对人和人性以及人的力量的不断点赞，出现了工业生产、资产阶级以及整个工业文明。在很长一段时间，可以说直到法国大革命前后，人们一直认为这是一条把人从神的奴役中解放出来实现"全面而自由的发展"的可靠路径，似乎从此以后人类的面前一片光明。然而历史却开了个大玩笑，大量事实证明，资本主义工业文明的发展并没有使得人获得解放。人在从神和贵族的奴役中解放出来的同时，又落入了物的奴役之中；在少数人享受奢侈物质生活的同时，多数人陷入了新的、其程度甚至超过中世纪的贫困与苦难之中；在废除了封建等级之后，资产阶级与无产阶级之间的阶级斗争更加激烈、更加残酷。自由、博爱、平等的人道主义理想落空了，人更不自由了，更谈不上实现"每个人的全面而自由的发展"。人道主义的失落，激励起马克思、恩格斯等思想家对资本主义工业文明的反思与批判。

资产阶级在当时通过较为彻底的革命，使封建的社会关系特别是生产关系达到冰消瓦解的地步，起到历史性的积极作用：

（1）把曾经束缚人发展的封建等级制无情地予以铲除，以自由竞争以及建立在此基础上的新的社会关系、社会制度、社会统治取代了一切旧的、封建的社会关系、社会制度、社会统治。

（2）资本主义工业文明开创了世界历史，使物质生产与消费、精神生产与消费由地域性的变成世界性的。

（3）促使生产工具不断变革，从而促使生产关系不断革命化，大大地推动了生产力的发展："资产阶级在它的不到一百年的阶级统治中所创造的生产力，比过去一切时代创造的全部生产力还要多，还要大。"①

（4）使人从封建社会那种"人对人的依赖"进入"人对物的依赖"阶段，"在这种形式下，才形成普遍的社会物质变换、全面的关

---

① 马克思、恩格斯：《马克思恩格斯文集》（第 2 卷），人民出版社 2009 年版，第 36 页。

系、多方面的需要以及全面的能力的体系"①。

（5）创立了巨大城市，使相当一部分人摆脱了乡村生活的愚昧状态；……但是，举着人道主义旗帜的资产阶级却走向了事实上的不人道：一是资本主义工业文明虽使劳动更有成效，但却消解了工人的基本需要，造成工人的过度疲劳及工人家人的饥饿：

> 甚至对新鲜空气的需要在工人那里也不再成其为需要了。人又退回到了穴居，不过这穴居现在已被文明的污浊毒气污染，而且他在穴居中只是朝不保夕，仿佛它是一个每天都可能离他而去的异己力量，如果他付不起房租……光、空气等等，甚至动物的最简单的爱清洁习性，都不再是人的需要了。肮脏，人的这种堕落、腐化，文明的阴沟（就这个词的本义而言），成了工人的生活要素。完全违反自然的荒芜，日益腐败的自然界，成了他的生活要素。他的任何一种感觉不仅不再以人的方式存在，而且不再以非人的方式因而甚至不再以动物的方式存在。②

二是资产阶级凭借不可思议的资本魔力对无产阶级进行残酷的剥削，致使工人变得极度贫困：

> 资本由于无限度地盲目追逐剩余劳动，像狼一般地贪求剩余劳动，不仅突破了工作日的道德极限，而且突破了工作日的纯粹身体的极限。它侵占人体的成长、发育和维持健康所需要的时间。它掠夺工人呼吸新鲜空气和接触阳光所需要的时间。它克扣吃饭时间，尽量把吃饭时间并入生产过程本身，因此对待工人就像对待单纯的生产资料那样，给他饭吃，就如同给锅炉加煤、给机器上油一样。资本把积蓄、更新和恢复生命力所需要的正常睡眠，变成了

---

① 马克思、恩格斯：《马克思恩格斯文集》（第8卷），人民出版社2009年版，第52页。
② 马克思、恩格斯：《马克思恩格斯文集》（第1卷），人民出版社2009年版，第225页。

恢复精疲力竭的有机体所必不可少的几小时麻木状态。在这里，不是劳动力维持正常状态决定工作日的界限，相反地，是劳动力每天尽可能达到最大量的耗费（不论这是多么强制和多么痛苦）决定工人休息时间的界限。资本是不管劳动力的寿命长短的。它唯一关心的是在一个工作日内最大限度地使用劳动力。它靠缩短劳动力的寿命来达到这一目的，正像贪得无厌的农场主靠掠夺土地肥力来提高收获量一样。①

三是致使资本主义生产方式本身的不道德：

在私有制的统治下……在任何一次买卖中，两个人总是以绝对对立的利益相对抗；这种冲突带有势不两立的性质，因为每一个人都知道另一个人的意图，知道另一个人的意图是和自己的意图相反的。因此，商业所产生的第一个后果是：一方面互不信任，另一方面为这种互不信任辩护，采取不道德的手段来达到不道德的目的。②

四是造成工人阶级道德状况的恶化：

工业发达的英国不但使人数众多的无产阶级成了自己的负担，而且使无产阶级中人数相当多的赤贫阶级也成了自己的负担，而英国要摆脱这个阶级是不可能的。这些人需待自己寻找出路；国家不管他们，甚至把他们一脚踢开。因此，男人进行抢劫或是偷盗，女人偷窃和卖淫，还有谁能怪罪他们呢？……把这些挨饿的人抛进监狱，或是流放出去。当国家把他们释放出来的时候，它会满意地看到已经获得的成绩：它把这些已被剥夺了面包的人变成了也被

---

① 马克思、恩格斯：《马克思恩格斯文集》（第 5 卷），人民出版社 2009 年版，第 306-307 页。
② 马克思、恩格斯：《马克思恩格斯文集》（第 1 卷），人民出版社 2009 年版，第 60-61 页。

剥夺了道德观念的人。①

五是资本主义制度使整个社会分裂，人与人成为各自分离甚至对立的分子，开始了一切人反对一切人的战争：

> 人类分散成各个分子，每一个分子都有自己的特殊生活原则，都有自己的特殊目的，这种一盘散沙的世界在这里是发展到顶点了。②

人对人的剥削、奴役，人在社会中的原子化以及一切人反对一切人的战争，都根源于物对人的奴役。这正是马克思、恩格斯对资本主义社会的基本评价。

如果说在"人的依赖关系"阶段是一些人对另一些人的奴役，那么"以物的依赖为基础的人的独立性"阶段则是物对人的奴役。马克思、恩格斯对这两个阶段事实上的不人道进行全方位、立体化的批判，其旨归在于实现"每个人的全面而自由的发展"。这一思想既是共产主义的最高价值目标，也是贯穿无产阶级革命运动的灵魂。正是在这个意义上，马克思称它为核心价值观。离开"实现每个人的全面而自由的发展"这一核心价值观，对社会主义的任何理解都是寡要不精的，对社会主义的任何实践都将走向歧途。

（二）马克思主义的价值观自信

既然经典作家认为"实现每个人的全面而自由的发展"是社会主义核心价值观，那么，他们以及他们所领导的无产阶级是否坚信这种价值观念呢？我们的答案是肯定的。综观《文集》，可以觉察到经典作家以及广大无产阶级对自身所秉持的这种价值观坚信不疑。考虑到本文的宗旨，我们不可能把他们的相关论述一一列举，因此，在梳理他们关于价值观自信的内容时，按照时间先后顺序着重考察几处。

---

① 马克思、恩格斯：《马克思恩格斯全集》（第1卷），人民出版社1956年版，第555页。
② 马克思、恩格斯：《马克思恩格斯全集》（第2卷），人民出版社1957年版，第304页。

第一，马克思的《论犹太人问题》。该文是马克思针对鲍威尔（Powell）在抽象地谈论犹太人解放时所作的批判。鲍威尔避开了特殊的社会要素，把人看成抽象的宗教信徒，提出犹太人是否有权利要求并获得政治解放的问题。马克思指出，犹太人的解放不是观念运动所能实现的，即不是改变宗教信仰就能实现政治解放，而是"必须克服什么样的特殊社会要素才能废除犹太教的问题"①。而犹太人的现实实践活动就是经商牟利，"票据是犹太人的现实的神"。因此，犹太人的社会解放就是社会从经商牟利及其前提中实现解放。这一问题不只是犹太人的特殊问题，也是资本主义社会普遍存在的问题。它隐喻着无产阶级的社会解放就是社会从资本拜物教精神中获得解放。马克思坚信"社会一旦消除了犹太精神的经验本质，即经商牟利及其前提"②，犹太人的社会解放就实现了。马克思同样坚信一旦社会消除了资本拜物教精神的经验本质，无产阶级的社会解放也必定会获得。

第二，马克思的《〈黑格尔法哲学批判〉导言》。在该文中，马克思首次阐释了无产阶级的历史使命，即在实现全人类解放的基础上实现自身的彻底解放：

> 形成一个由于自己遭受普遍苦难而具有普遍性质的领域，这个领域不要求享有任何特殊的权利，因为威胁着这个领域的不是特殊的不公正，而是普遍的不公正，它不能再求助于历史的权利，而只能求助于人的权利，它不是同德国国家制度的后果处于片面的对立，而是同这种制度的前提处于全面的对立。最后，在于形成一个若不从其他一切社会领域解放出来从而解放其他一切社会领域就不能解放自己的领域。③

---

① 马克思、恩格斯：《马克思恩格斯文集》（第1卷），人民出版社2009年版，第49页。
② 马克思、恩格斯：《马克思恩格斯文集》（第1卷），人民出版社2009年版，第55页。
③ 马克思、恩格斯：《马克思恩格斯文集》（第1卷），人民出版社2009年版，第17页。

但实现人的彻底解放又是有条件的。这个条件是什么呢？就是由对天国的批判转向对尘世的批判、由对宗教的批判转向对法哲学的批判、由对神学的批判转向对政治的批判，以使"哲学把无产阶级当做自己的物质武器，同样，无产阶级也把哲学当做自己的精神武器"①。马克思坚信："一切内在条件一旦成熟，德国的复活日就会由高卢雄鸡的高鸣来宣布"②；同样地，马克思坚信：一切内在条件一旦成熟，无产阶级就能通过解放全人类而获得自身的彻底解放。

第三，马克思的《1844年经济学哲学手稿》。在该著作的"私有财产和共产主义"部分，马克思集中阐释了因私有财产的出现而导致异化的人的类本质将随着共产主义的实现、私有制的消灭而回归人自身：

> 共产主义是对私有财产即人的自我异化的积极的扬弃，因而是通过人并且为了人而对人的本质的真正占有；因此，它是人向自身、也就是向社会的即合乎人性的人的复归，这种复归是完全的复归，是自觉实现并在以往发展的全部财富的范围内实现的复归。这种共产主义，作为完成了的自然主义，等于人道主义，而作为完成了的人道主义，等于自然主义，它是人和自然之间、人和人之间的矛盾的真正解决，是存在和本质、对象化和自我确证、自由和必然、个体和类之间的斗争的真正解决。③

人的本质的回归内在地包含着人的全面而自由的发展。马克思曾指出："私有制使我们变得如此愚蠢而片面，以致一个对象，只有当它为我们拥有的时候……才是我们的。"④因此，马克思坚信，对私

---

① 马克思、恩格斯：《马克思恩格斯文集》(第1卷)，人民出版社2009年版，第17页。
② 马克思、恩格斯：《马克思恩格斯文集》(第1卷)，人民出版社2009年版，第17页。
③ 马克思、恩格斯：《马克思恩格斯文集》(第1卷)，人民出版社2009年版，第185-186页。
④ 马克思、恩格斯：《马克思恩格斯文集》(第1卷)，人民出版社2009年版，第189页。

有制的积极扬弃,"从现存的现实特有的形式中引申出作为它的应有和它的最终目的的真正现实"①,使人摆脱受私有观念支配的看待世界的狭隘眼光,使人摆脱在私有制条件下必然产生的为了生存或为了追求利益不得不奴隶般地服从分工的状态,定能实现人的彻底解放:

> 对私有财产的积极的扬弃,就是说,为了人并且通过人对人的本质和人的生命、对象性的人和人的产品的感性的占有,不应当仅仅被理解为直接的、片面的享受,不应当仅仅被理解为占有、拥有。人以一种全面的方式,就是说,作为一个完整的人,占有自己的全面的本质。②

第四,马克思、恩格斯合著的《德意志意识形态》。该著作全面系统地阐述了马克思主义唯物史观,并表述了对科学社会主义的认识。因此,在这部论著中有很多关于坚定实现"每个人的全面而自由的发展"的信心的论述。择其要者,大体有以下几点:

(1)共产主义社会消灭了私有制和旧的社会分工,人将不再被固定在一定的活动范围之中,人将可以自由而全面地发展:

> 在共产主义社会里,任何人都没有特殊的活动范围,而是都可以在任何部门内发展,社会调节着整个生产,因而使我有可能随自己的兴趣今天干这事,明天干那事,上午打猎,下午捕鱼,傍晚从事畜牧,晚饭后从事批判,这样就不会使我老是一个猎人、渔夫、牧人或批判者。③

(2)在共产主义社会,以往作为异己的力量支配人的人们相互间的社会关系,将被人们自觉地控制和驾驭:

> 各个人的全面的依存关系、他们的这种自然形成的世

---

① 马克思、恩格斯:《马克思恩格斯文集》(第10卷),人民出版社2009年版,第8页。
② 马克思、恩格斯:《马克思恩格斯文集》(第1卷),人民出版社2009年版,第189页。
③ 马克思、恩格斯:《马克思恩格斯文集》(第1卷),人民出版社2009年版,第537页。

界历史性的共同活动的最初形式，由于这种共产主义革命而转化为对下述力量的控制和自觉的驾驭。①

（3）在共产主义社会，为了生存而不得不从事的劳动将变成人们的自由自觉的活动，成为人们的自我实现：

> 迄今为止的一切革命始终没有触动活动的性质，始终不过是按另外的方式分配这种活动，不过是在另一些人中间重新分配劳动，而共产主义革命则针对活动迄今具有的性质，消灭劳动，并消灭任何阶级的统治以及这些阶级本身。②

（4）共产主义社会是真正的自由人联合体，旧的社会分工将被消灭，人不再奴隶般地服从分工，从而获得自由：

> 个人力量（关系）由于分工而转化为物的力量这一现象，不能靠人们从头脑里抛开关于这一现象的一般观念的办法来消灭，而只能靠个人重新驾驭这些物的力量，靠消灭分工的办法来消灭。没有共同体，这是不可能实现的。只有在共同体中，个人才能获得全面发展其才能的手段，也就是说，只有在共同体中才可能有个人自由。在过去的种种冒充的共同体中，如在国家等等中，个人自由只是对那些在统治阶级范围内发展的个人来说是存在的，他们之所以有个人自由，只是因为他们是这一阶级的个人。从前各个人联合而成的虚假的共同体，总是相对于各个人而独立的；由于这种共同体是一个阶级反对另一个阶级的联合，因此对于被统治的阶级来说，它不仅是完全虚幻的共同体，而且是新的桎梏。在真正的共同体的条件下，各个人在自

---

① 马克思、恩格斯：《马克思恩格斯文集》（第1卷），人民出版社2009年版，第542-543页。
② 马克思、恩格斯：《马克思恩格斯文集》（第1卷），人民出版社2009年版，第542页。

己的联合中并通过这种联合获得自己的自由。"①

（5）共产主义社会是真正的自由人联合体，在那里交往成为不受制约的个人之间的交往，个人得到完全发展：

> 只有在这个阶段上，自主活动才同物质生活一致起来，而这又是同各个人向完全的个人的发展以及一切自发性的消除相适应的。同样，劳动向自主活动的转化，同过去受制约的交往向个人本身的交往的转化，也是相互适应的。随着联合起来的个人对全部生产力的占有，私有制也就终结了。在迄今为止的历史上，一种特殊的条件总是表现为偶然的，而现在，各个人本身的独自活动，即每一个人本身特殊的个人职业，才是偶然的。②

（6）在共产主义社会中，"个人的独创的和自由的发展不再是一句空话"③。

第五，马克思、恩格斯合著的《共产党宣言》。在该著作中，马克思、恩格斯在唯物史观的基础上对坚信"每个人的全面而自由的发展"作了基本阐发，即运用唯物史观分析得出"两个必然"——"资产阶级的灭亡和无产阶级的胜利是同样不可避免的"④与"两个决裂"——"共产主义革命就是同传统的所有制关系实行最彻底的决裂；毫不奇怪，它在自己的发展进程中要同传统的观念实行最彻底的决裂"⑤的诊断，强调共产主义是人的自由王国，在那里，每个人都可以自由发展自己的个性，因此一切人的个性都能得到自由发展，整个社会

---

① 马克思、恩格斯：《马克思恩格斯文集》（第1卷），人民出版社2009年版，第570页。
② 马克思、恩格斯：《马克思恩格斯文集》（第1卷），人民出版社2009年版，第582页。
③ 马克思、恩格斯：《马克思恩格斯全集》（第3卷），人民出版社1960年版，第516页。
④ 马克思、恩格斯：《马克思恩格斯文集》（第2卷），人民出版社2009年版，第43页。
⑤ 马克思、恩格斯：《马克思恩格斯文集》（第2卷），人民出版社2009年版，第52页。

是自由人的联合体：

> 代替那存在着阶级和阶级对立的资产阶级旧社会的，将是这样一个联合体，在那里，每个人的自由发展是一切人的自由发展的条件。①

第六，马克思的《1857—1858 年经济学手稿》。虽然该著作讨论了繁复的经济学内容，但始终以"每个人的全面而自由的发展"的实现条件为核心价值理念。因为谈论"每个人的全面而自由的发展"问题，是以现实生活中存在着人的奴役为前提条件的。因此，马克思在讲到人类社会形态的演变时，特别强调第一阶段是"人的依赖关系"阶段，它是一些人对另一些人进行奴役的阶段；第二阶段是"以物的依赖为基础的人的独立性"阶段，它是物对人进行奴役的阶段；第三阶段才是"人的自由个性"阶段，只有人类社会发展到这一历史阶段，才能实现"每个人的全面而自由的发展"。②

第七，马克思的《哥达纲领批判》。该著作中，马克思在批判拉萨尔主义错误的分配理论的同时，对实现"每个人的全面而自由的发展"的客观条件作了充分说明，认为"按需分配"既说明了"每个人的全面而自由的发展"程度，又是其得以实现的客观条件：

> 在共产主义社会高级阶段，在迫使个人奴隶般地服从分工的情形已经消失，从而脑力劳动和体力劳动的对立也随之消失之后；在劳动已经不仅仅是谋生的手段，而且本身成了生活的第一需要之后；在随着个人的全面发展，他们的生产力也增长起来，而集体财富的一切源泉都充分涌流之后，——只有在那个时候，才能完全超出资产阶级权利的狭隘眼界，社会才能在自己的旗帜上写上：各尽所能，

---

① 马克思、恩格斯：《马克思恩格斯文集》（第 2 卷），人民出版社 2009 年版，第 53 页。
② 马克思、恩格斯：《马克思恩格斯文集》（第 8 卷），人民出版社 2009 年版，第 52 页。

按需分配！①

第八，马克思的《资本论》。在该著作中，马克思深化《1857—1858年经济学手稿》提出的"三形态"理论，把人类社会明确划分为"直接的社会关系""物化的社会关系""自由人的联合体"三个阶段②，并强调在"自由人的联合体"中，人拥有的生产之外的自由时间越来越多，物质生产始终处于人的自觉控制之下，而不是作为独立的力量统治人；在那里，人类能力的发展成为人的目的本身：

> 自由王国只是在必要性和外在目的规定要做的劳动终止的地方才开始；因而按照事物的本性来说，它存在于真正物质生产领域的彼岸。像野蛮人为了满足自己的需要，为了维持和再生产自己的生命，必须与自然搏斗一样，文明人也必须这样做；而且在一切社会形式中，在一切可能的生产方式中，他都必须这样做。这个自然必然性的王国会随着人的发展而扩大，因为需要会扩大；但是，满足这种需要的生产力同时也会扩大。这个领域内的自由只能是：社会化的人，联合起来的生产者，将合理地调节他们和自然之间的物质变换，把它置于他们的共同控制之下，而不让它作为一种盲目的力量来统治自己；靠消耗最小的力量，在最无愧于和最适合于他们的人类本性的条件下来进行这种物质变换。但是，这个领域始终是一个必然王国。在这个必然王国的彼岸，作为目的本身的人类能力的发挥，真正的自由王国，就开始了。③

第九，恩格斯的《反杜林论》。在该著作中，恩格斯坚信只要社会占有全部的生产资料，那么迄今一直统治着历史的客观的异己力

---

① 马克思、恩格斯：《马克思恩格斯文集》（第3卷），人民出版社2009年版，第435-436页。
② 马克思、恩格斯：《马克思恩格斯文集》（第5卷），人民出版社2009年版，第95-96页。
③ 马克思、恩格斯：《马克思恩格斯文集》（第7卷），人民出版社2009年版，第928-929页。

量将处于人类自觉的控制之下,将使人类从必然王国跃升到自由王国:

> 一旦社会占有了生产资料,商品生产就将被消除,而产品对生产者的统治也将随之消除。社会生产内部的无政府状态将为有计划的自觉的组织所代替。个体生存斗争停止了。于是,人在一定意义上才最终地脱离了动物界,从动物的生存条件进入真正人的生存条件。人们周围的、至今统治着人们的生活条件,现在受人们的支配和控制,人们第一次成为自然界的自觉的和真正的主人,因为他们已经成为自身的社会结合的主人了。人们自己的社会行动的规律,这些一直作为异己的、支配着人们的自然规律而同人们相对立的规律,那时就将被人们熟练地运用,因而将听从人们的支配。人们自身的社会结合一直是作为自然界和历史强加于他们的东西而同他们相对立的,现在则变成他们自己的自由行动了。至今一直统治着历史的客观的异己的力量,现在处于人们自己的控制之下了。只是从这时起,人们才完全自觉地自己创造自己的历史;只是从这时起,由人们使之起作用的社会原因才大部分并且越来越多地达到他们所预期的结果。这是人类从必然王国进入自由王国的飞跃。①

至于马克思、恩格斯所领导的无产阶级是否坚信这一价值观念,我们同样可以从经典作家的阐述中得到答案。这里有几个例证,这些例证将分别从不同角度、不同层次说明社会大众坚信这一价值观念。第一,从马克思主义阵营的阶级基础来看,广大的无产阶级相信共产主义信仰是正确的。恩格斯在回顾他和马克思的革命活动时写道:"对我们来说同样重要的是:争取欧洲无产阶级,首先是争取德国无产阶级拥护我们的信念。"②

---

① 马克思、恩格斯:《马克思恩格斯文集》(第3卷),人民出版社2009年版,第564-565页。
② 马克思、恩格斯:《马克思恩格斯文集》(第4卷),人民出版社2009年版,第233页。

第二，从马克思主义阵营中的少数派来看，中央委员会的少数派也是信仰共产主义的。例如19世纪50年代，马克思拒绝将少数派开除出共产主义同盟，因为他认为："尽管这些人目前所发表的观点是反共产主义的，至多不过是社会民主主义的，但就其信仰来说他们还是共产主义者。"①

第三，从非马克思主义阵营的普通大众来看，一些新近改变信仰的人都在讨论和传播共产主义思想。恩格斯在《共产主义在德国的迅速发展》中谈到了许多德国人纷纷转向信仰共产主义的情况："到处我都碰到一些新近改变信仰的人，他们都在无比热情地讨论和传播共产主义的思想。"②

第四，从非马克思主义阵营的社会精英来看，泰斯（Theis）、马隆（Malone）等非马克思主义者们，甚至是曾经的论敌，也改信共产主义了。马克思说：

> 连《社会主义评论》的马隆——虽然还带有同他的折中主义本性分不开的不彻底性——也不得不声称自己（我们过去是仇敌，因为他原来是同盟的创始人之一）信仰现代科学社会主义，即德国的社会主义，……泰斯……来到伦敦时还是个蒲鲁东主义者，但由于跟我个人接触和认真研究《资本论》，他完全改变了自己的信仰。③

三、内容与"主旨"之间的内在关联

从上述内容来看，马克思、恩格斯以及他所领导的无产阶级在社会实践中对"每个人的全面而自由的发展"这一价值追求始终秉持积极肯定的态度和看法。这份自信体现在三个方面的规定性上：

---

① 马克思、恩格斯：《马克思恩格斯全集》（第8卷），人民出版社1961年版，第637页。
② 马克思、恩格斯：《马克思恩格斯全集》（第2卷），人民出版社1957年版，第593页。
③ 马克思、恩格斯：《马克思恩格斯全集》（第34卷），人民出版社1972年版，第450-452页。

首先，马克思、恩格斯把实现"每个人的全面而自由的发展"作为自己革命实践与革命理论最根本的出发点与归宿，有一种置身其中的自信心。寻找人的解放之路，是马克思主义的实质。经典作家们毕其一生的历史使命就是以不同的方式参加推翻资本主义社会及其所建立的国家设施的活动，争取埋藏资产阶级以使无产阶级获得解放，实现共产主义。他们的著作完全证明了这一点。他们把实现"每个人的全面而自由的发展"作为观察与处理一切问题的出发点，使"每个人的全面而自由的发展"得以实现成为他们评价一切的标准。正因为马克思、恩格斯以此为价值取向，他们对资本主义社会中那种人的异化状态进行了深刻批判，对资本主义现实社会生活的不人道作出价值评价，对资本主义社会制度展开了猛烈抨击，进而对未来人类社会及生活其中的人进行了展望。可以说，从理论上对"实现每个人的全面而自由的发展"加以研究，并寻找使之现实化的客观路径，是马克思、恩格斯的主要历史任务，由此产生了科学社会主义理论，进而有了用科学社会主义理论埋藏资本主义社会的革命实践。

其次，马克思、恩格斯把"每个人的全面而自由的发展"的价值观念始终贯穿于马克思主义理论体系的各个方面和各个阶段，具有统领性，是一种整体性的自信。从我们在《文集》中梳理马克思主义价值观自信的内容来看，不论是其苦涩的哲学论著，还是其繁复的政治经济学著作，以及充满希望的科学社会主义著述，都是围绕着实现"每个人的全面而自由的发展"的价值观念展开的。在马克思、恩格斯看来，资本主义社会事实上的不人道，就是人的本质的丧失，就是人成为物，成为生产的工具；因此，实现人的本质的复归，就是要实现"每个人的全面而自由的发展"。进而，他们在哲学论著中，无论是对资本主义社会中人的异化的强烈批判，还是实践唯物主义思想，都是对人道主义的张扬；他们在繁复的政治经济学著作中揭露并批判资本主义不人道的现实社会生活，体现了对无产阶级的深切关怀；他们在那充满希望的科学社会主义著述中，期许着"每个人的全面而自由的发展"的彻底实现。

最后，马克思把"每个人的全面而自由的发展"作为开展马克思主义理论研究和社会革命活动的动因、动力和价值追求，充满了使命感与责任担当。我们常说"文如其人",就是指一个理论(体系)所贯穿的价值理念就是这个理论(体系)创立者的价值理念。马克思、恩格斯把"每个人的全面而自由的发展"的价值观念始终贯穿于马克思主义理论体系的各个方面和各个阶段,这些实际上就是马克思、恩格斯一生矢志不移的价值理想。他们围绕如何使无产阶级和全人类摆脱压迫、剥削和异化劳动进而实现全面而自由的发展,创立理论体系,不是为了学术地位;他们投身于用自己的科学社会主义理论埋藏资本主义社会的革命实践,不是为了取得功名。他们所有的努力都是为了实现自己的革命誓言,即"为人类幸福和自身完美而工作"。如果是为了功名利禄、为了学术地位,马克思可以去当律师、做主编,恩格斯可以去做资本家,过着荣华富贵的生活,但是他们都没走这条看似前程似锦的道路。他们不畏当局的迫害,到处颠沛流离,以至于马克思戏称自己是世界公民。不论是从事理论研究,还是投身革命实践,他们都是在极端艰苦的条件下进行的。以高度的忘我精神践行着实现"每个人的全面而自由的发展"的价值观。

在此意义上,我们认为经典作家是有价值观自信思想的。

第二节 马克思主义价值观自信思想之切入

从我们梳理马克思主义价值观自信的内容来看,经典作家对实现"每个人的全面而自由的发展"是确信不疑的。但我们也看到,马克思、恩格斯对实现"每个人的全面而自由的发展"又是有条件的,这一点在他们的论著中体现为"社会一旦消除……""一切内在条件一旦成熟……""在共产主义社会……"等等。因此,马克思、恩格斯对实现"每个人的全面而自由的发展"进行有价值的判断,就必须有一个切入点。我们认为,社会主义道路、理论、制度与文化(价值观)共同构成了社会主义的总体性,而社会主义自信话语体系也是由"道路自信""理论自信""制度自信""文化(价值观自信)"四位一体构成的。因此,经典作家对实现"每个人的全面而自由的发展"进行有价值的判断，必定是以坚定道路自信、理论自信、制度自信为切入点的。

一、对道路自信的切入

在马克思主义诞生之前，人类社会发展的"斯芬克斯之谜"始终未能得到破解。马克思通过研究，发现正是生产力与生产关系、经济基础与上层建筑之间的矛盾运动推动着人类社会形态的更替与人类社会的向前发展。这种内在规律不以任何人的意志为转移。由此，马克思创立了唯物史观，并解答了这个"斯芬克斯之谜"。进而认为，纵使"在历史上曾经起过非常革命的作用"①的资本主义，也会像希图万世一系的封建王朝一样必然历史地走向灭亡，被新的社会形态——"一个幽灵，共产主义的幽灵"——取而代之。所以，马克思坚信"资产阶级的灭亡和无产阶级的胜利是同样不可避免的"②，但这不是盲目的伦理感性。

第一，"两个必然"绝对不是赖特·米尔斯（Wright Mills）断言的"虚构"③，而是基于资本主义生产方式的内在矛盾这一"历史发展的无可争辩的事实"所得出的科学结论。唯物史观的基本原理是：有什么样的生产力就有什么样的生产关系，有什么样的生产关系总和（即经济基础）就有什么样的上层建筑，进而就有什么样的社会形态；当原有生产关系不能再容纳社会生产力发展时，社会就一定会变革原生产关系，进而变革原上层建筑，由此推动着人类社会形态的更替与人类社会的向前发展。在资本主义社会，按照资本逻辑的运行，一方面生产资料越来越集中在私人占有上，另一方面却不断造就生产的社会化发展。而在这一矛盾过程中，"资本作为无限制地追求发财致富的欲望，力图无限制地提高劳动生产力并且使之成

---

① 马克思、恩格斯：《马克思恩格斯文集》（第 2 卷），人民出版社 2009 年版，第 33 页。
② 马克思、恩格斯：《马克思恩格斯文集》（第 2 卷），人民出版社 2009 年版，第 43 页。
③ [美]赖特·米尔斯：《马克思主义者》，商务印书馆 1985 年版，第 128 页。

为现实"①。根据马克思的政治经济学原理分析，资本的价值增殖必须在流通领域才能得以实现。但问题在于：资本一旦离开生产领域而进入流通领域就立即受到人的消费能力以及反映消费能力强弱的消费量的限制。在一个多数人从属于少数人、发展中国家从属于发达国家的"资本世界"中，其社会总体消费能力是极其有限的，即社会总消费量是不足的。于是社会发展陷入一种恶性路径依赖：有限的消费能力限制资本的价值增殖，有限的资本价值增殖限制社会生产力的发展。资本也力图突破路径依赖。因为"资产阶级除非对生产工具，从而对生产关系，从而对全部社会关系不断地进行革命，否则就不能生存下去"②。从历史与现实来看，在资本主义的每次社会变革中，资产阶级都无法突破也不愿意突破资本主义私有制对生产的社会化发展的限制。

第二，"两个必然"绝对不是乌托邦式的自我认可，而是资本主义社会中"两个决不会"——"无论哪一个社会形态，在它所能容纳的全部生产力发挥出来以前，是决不会灭亡的；而新的更高的生产关系，在它的物质存在条件在旧社会的胎胞里成熟以前，是决不会出现的"③——运动的最终结果。按照马克思的唯物史观，判断一个变革时代是否来临，必须"从物质生活的矛盾中，从社会生产力和生产关系之间的现存冲突中去解释"④。而"两个决不会"正好说明了社会变革的条件问题，即任何一种社会形态只要生产关系所容纳的生产力还有得以继续发展的空间，这种社会形态就会得以存续；新的社会形态必须在新的更高的生产关系所依赖的物质存在条件在旧社会形态中得以不断发展并趋于成熟时才会出现。在资本主义社会，按照资本运行的逻辑，出现了一系列周期性经济危机以及在此

---

① 马克思、恩格斯：《马克思恩格斯全集》（第46卷上），人民出版社1979年版，第306页。
② 马克思、恩格斯：《马克思恩格斯文集》（第2卷），人民出版社2009年版，第34页。
③ 马克思、恩格斯：《马克思恩格斯文集》（第2卷），人民出版社2009年版，第592页。
④ 马克思、恩格斯：《马克思恩格斯文集》（第2卷），人民出版社2009年版，第592页。

基础上产生的社会危机，由此也促使资产阶级通过改革社会保障政策"调节"劳资关系，通过改良社会经济体制"缓解"制度危机，通过改变利润获取方式"缓和"社会矛盾。虽说这种"改革""改良"与"改变"仍然是在资本逻辑运行的框架下进行的，但是毕竟起到了"调节""缓解"与"缓和"的作用。但是我们不能像米尔斯一样"近视"资本主义的现状而断然否定"两个必然"，我们必须清醒地意识到，"两个必然"揭示的是一种人类社会发展的必然性的"历史趋势"，而不是人类社会发展中的偶然性的"历史事件"。作为一种历史发展趋势，其展现的是一个相当长的历史过程。这个历史过程就是社会生产力和生产关系之间的矛盾运动过程。现有的资本主义生产关系仍有它所容纳的生产力得以继续发展的空间或条件，"两个必然"的全面实现将是一个长期的世界历史发展的过程。

经典作家正是基于对人类社会发展规律的科学认识，对实现"每个人的全面而自由的发展"进行有价值的判断。在讲到人类社会形态演进时，马克思把人类社会划分为"人的依赖关系""以物的依赖性为基础的人的独立性"以及"自由个性"三个阶段①。这三个形态或者三个阶段，不仅在事实上涵盖了全部的人类发展史，而且所关涉的不是哪一个阶级，而是全人类。与此相关，实现"每个人的全面而自由的发展"也就不是经典作家评价前社会主义社会的视角，而是审视全部人类历史发展的核心视角。所谓"人的依赖关系"和"以物的依赖性为基础的人的独立性"，明显地具有对"人的前史"的价值评价色彩，包含着对两个使人受奴役的阶段的批判；"自由个性"同样具有价值评价色彩，只不过不是批判，而是积极地肯定，认为只有到了这个阶段或者形态，人的历史才真正开始。

但是我们必须注意到马克思所强调的那句话，即"第二个阶段为第三个阶段创造条件"②。这个条件是什么呢？马克思、恩格斯认为就是资本主义社会生产力所创造的解决个人的社会生活条件中生

---

① 马克思、恩格斯：《马克思恩格斯文集》（第8卷），人民出版社2009年版，第52页。
② 马克思、恩格斯：《马克思恩格斯文集》（第8卷），人民出版社2009年版，第52页。

发的对抗的物质条件。这个物质条件一旦具备，人类社会就从"以物的依赖性为基础的人的独立性"阶段跃升到"自由个性"阶段，曾经因私有制变得愚蠢而片面的人则朝着全面而自由的方向发展。

二、对理论自信的切入

马克思用一种符合现实生活的方法确立唯物史观的基本命题："不是意识决定生活，而是生活决定意识"①。这一科学命题足以说明马克思所创立的科学社会主义理论不是设想的东西，而是对现实生活过程在意识形态上的"反射"与"回应"。因此，马克思旗帜鲜明地阐述和论证科学社会主义理论，并在《共产主义和奥格斯堡〈总汇报〉》中指出：

> 我们坚信，构成真正危险的并不是共产主义思想的实际试验，而是它的理论阐述；要知道，如果实际试验大量地进行，那么，它一旦成为危险的东西，就会得到大炮的回答；而征服我们心智的、支配我们信念的、我们的良心通过理智与之紧紧相连的思想，是不撕裂自己的心就无法挣脱的枷锁。②

这是因为：

第一，科学社会主义理论不是"设想的东西"，而是改变无产阶级现实生活的思维产物。实现"每个人的全面而自由的发展"是无产阶级的历史使命。"深入考察这一事业的历史条件以及这一事业的性质本身，从而使负有使命完成这一事业的今天受压迫的阶级认识到自己的行动的条件和性质，这就是无产阶级运动的理论表现即科学社会主义的任务。"③因此，"共产主义现在已经不再意味着凭空设

---

① 马克思、恩格斯：《马克思恩格斯文集》（第1卷），人民出版社2009年版，第525页。
② 马克思、恩格斯：《马克思恩格斯全集》（第1卷），人民出版社1995年版，第295页。
③ 马克思、恩格斯：《马克思恩格斯文集》（第3卷），人民出版社2009年版，第566-567页。

想一种尽可能完善的社会理想,而是意味着深入理解无产阶级所进行的斗争的性质、条件以及由此产生的一般目的"①。而无产阶级所进行的斗争就是为了改变无产阶级的现实生活,即消灭私有制、消灭旧分工、消灭三大差异,实现"每个人的全面而自由的发展"。

第二,科学社会主义理论是"同传统的观念实行最彻底的决裂"②的理论。经典作家曾在《共产党宣言》中不仅强调共产主义革命要"同传统的所有制关系实行最彻底的决裂",还强调共产主义革命"在自己的发展进程中要同传统的观念实行最彻底的决裂"③。所谓"传统的观念"是指"同传统的所有制关系"相适应的观念。对照《共产党宣言》文本内容可以看出,马克思把"传统的所有制关系"分为"资产阶级的所有制""剥削阶级的所有制"与"私有制"三个层次。因此,"同传统的所有制关系"相适应的"传统的观念"特指那种产生于"资产阶级的所有制""剥削阶级的所有制"和"私有制"基础之上,又服务于"资产阶级的所有制""剥削阶级的所有制"和"私有制"的观念。人的观念是生产关系和社会关系的产物,而观念的内容也是由社会存在特别是由人的物质生活条件决定的。既然共产主义革命要"同传统的所有制关系实行最彻底的决裂"④,那么,共产主义革命"在自己的发展进程中要同传统的观念实行最彻底的决裂"⑤也就"毫不奇怪"了。

第三,科学社会主义理论是指导社会主义革命、建设实践并经社会实践检验的科学理论。马克思对自己提出的科学社会主义理论能否成功地指导无产阶级革命实践给予了特别关注。在《共产党宣言》1872年的序言中,立足于具体的革命实践,马克思坚定了理论

---

① 马克思、恩格斯:《马克思恩格斯文集》(第4卷),人民出版社2009年版,第233页。
② 马克思、恩格斯:《马克思恩格斯文集》(第2卷),人民出版社2009年版,第52页。
③ 马克思、恩格斯:《马克思恩格斯文集》(第2卷),人民出版社2009年版,第52页。
④ 马克思、恩格斯:《马克思恩格斯文集》(第2卷),人民出版社2009年版,第52页。
⑤ 马克思、恩格斯:《马克思恩格斯文集》(第2卷),人民出版社2009年版,第52页。

自信:"不管最近 25 年来的情况发生了多大的变化,这个《宣言》中所阐述的一般原理整个说来直到现在还是完全正确的。"①并进一步说《宣言》中所阐述的一般原理的实际运用要随时随地以当时的历史条件为转移。从这里我们可以看到,马克思的自信表现在两个方面:① 不因时间的流逝而对自己提出的科学社会主义理论的真理性产生怀疑。有人认为理论产生的时代背景或现实生活条件一旦发生变化,理论的解释力就不再具备了;而马克思认为"一般原理"反映着事物的本质与规律,能够超越产生它的时代并引领时代向前发展。因此,马克思才说《宣言》所阐述的一般原理是完全正确的。② 不因文本的束缚而对自己提出的科学社会主义理论的价值性产生怀疑。有人认为马克思的经典论著中一些具体论断与结论已经不再具备理论指导作用了,理论的合理性也就丧失了;而马克思认为一般原理的实际运用要随时随地以当时的历史条件为转移。因此,马克思积极承认某些具体论断与结论"虽然在原则上今天还是正确的,但是就其实际运用来说今天毕竟已经过时"②。

科学社会主义理论是马克思、恩格斯在批判旧世界的基础上建立的。马克思认为资产阶级革命的成功只是对中世纪的部分胜利,实现的解放只是人的部分解放,即人在政治上从封建等级的压迫下解放出来,得到政治自由。这样的人仍然处于物质利益和金钱的奴役之下,因为资本主义社会正是以人对物的依赖为基本特征的。这还不是资产阶级革命中提出的人道主义口号的完全实现。因为资产阶级理解的公正是指破除了宗教束缚之后人可以堂而皇之地追求自己的物质享受,是指消除封建等级特权之后人与人享有同等的政治权力和竞争自由。但在马克思、恩格斯看来,资产阶级反对的只是特殊的不公正,而不是一般的不公正。由此出发争取的权利还只是资产阶级的权利,而不是人的权利。因此,他们基于改变无产阶级现实生活,立足唯物史观,提出科学社会主义理论。而人的解放是

---

① 马克思、恩格斯:《马克思恩格斯文集》(第 2 卷),人民出版社 2009 年版,第 5 页。
② 马克思、恩格斯:《马克思恩格斯文集》(第 2 卷),人民出版社 2009 年版,第 6 页。

科学社会主义理论的核心,实现"每个人的全面而自由的发展"是科学社会主义的理论旨归。

正如前文所指出的,"实现每个人的全面而自由的发展"是贯穿经典作家全部理论的主线,这在他们关于人类社会发展三形态理论中可以看得非常清楚。与其他理论者相比,经典作家的社会主义理论不是对资本主义现实生活中种种不人道社会现象的义愤与抗议,不是主观上对未来的美好理想与愿景,而是基于对人类社会历史发展规律作出科学分析的基础上得出的结论。这样的社会主义具有科学性。这集中体现在马克思的这样一段话中:"全面发展的个人——他们的社会关系作为他们自己的共同的关系,也是服从于他们自己的共同的控制的——不是自然的产物,而是历史的产物。"①正是从理论自信切入,经典作家才坚定了"实现每个人的全面而自由的发展"的价值观自信。

三、对制度自信的切入

社会主义制度的正式实践,是从落后的东方国家开始的,但并不意味着马克思、恩格斯没有社会主义制度思想。综观经典作家的论著,其社会主义制度思想是以一种原则理论存在的。但这种原则性理论不是空想的东西,而是基于对资本主义社会制度的批判以及对巴黎公社制度实践经验的总结与理论反思建构的。因此,马克思、恩格斯的制度自信突出表现在对资本主义制度的批判与对巴黎公社制度的思考。

第一,立足于唯物史观对资本主义制度进行原则性批判。在经典作家看来,凡有利于实现"每个人的全面而自由的发展"的社会制度,就是"善制";而一切有碍于实现"每个人的全面而自由的发展"的社会制度,即使将其论证得多么完美,终究也会丧失其存在的合理性。正如前文中所叙述的,马克思、恩格斯对资本主义社会的基本评价就是:资本主义和资产阶级用人道主义旗帜把自己的不

---

① 马克思、恩格斯:《马克思恩格斯文集》(第8卷),人民出版社2009年版,第56页。

人道的现实精心地掩盖了起来,举着人道主义的旗帜走向了事实上的不人道。面对资本主义种种事实上的不人道,马克思、恩格斯对这种不人道事实的制度根源进行了批判,他们认为虽然资本主义曾经起到非常革命的历史作用,并在一定程度上释放了人的独立性,使人从封建等级压迫下、从宗教束缚中解放出来,但它却把人牢牢地钉在"物的依赖性"这根耻辱柱上。

"物的依赖性"是资本主义社会存在的基本症候,它既不同于前资本主义社会所表现出的"人的依赖性"症候,也不同于共产主义社会所表征的"自由个性",它表明社会关系是一种物化关系。置身于这种社会关系中的人,依赖于物,必然受物的支配。而从人的角度来看,这样的制度从根本上讲、从总体上讲,就是不人道的。所以,马克思批判道:"仿佛用法术创造了如此庞大的生产资料和交换手段的现代资产阶级社会,现在像一个魔法师一样不能再支配自己用法术呼唤出来的魔鬼了。"①

第二,立足于对巴黎公社制度进行经验总结与理论反思。面对资本主义种种事实上的不人道,无产阶级试图改善自身处境,但只是一种空想,如果企图把这种空想变成现实,等待无产阶级的将是种种罪行。因此,推翻旧世界、建立新世界成为无产阶级获得解放的唯一出路。巴黎公社制度就是社会主义制度从理论到现实的一次有益的实践探索。巴黎公社的领导者们把"人类解放"这一价值理念贯穿于巴黎公社制度实践当中,确立了"真正的民主原则"②"实际的平等原则"③"实质的正义原则"④"政治统一原则"⑤。为什么一个同一切旧国家制度有原则性区别的制度形态,仅仅维持72天就

---

① 马克思、恩格斯:《马克思恩格斯文集》(第2卷),人民出版社2009年版,第37页。
② 马克思、恩格斯:《马克思恩格斯文集》(第3卷),人民出版社2009年版,第157页。
③ 马克思、恩格斯:《马克思恩格斯文集》(第9卷),人民出版社2009年版,第112页。
④ 汪行福:《马克思正义观的规范制度论重建》,《中国社会科学报》,2013-08-02(B2)。
⑤ 马克思、恩格斯:《马克思恩格斯文集》(第3卷),人民出版社2009年版,第213页。

被镇压在血泊之中了呢？马克思认为，历史的创造都是有既定条件的，除了公社的领导者未能稳定政局之外，更主要的原因还在于巴黎公社打碎旧的国家机器，却没有在战略上利用国家制度巩固新生政权。马克思说：

> 人们自己创造自己的历史，但是他们并不是随心所欲地创造，并不是在他们自己选定的条件下创造，而是在直接碰到的、既定的、从过去承继下来的条件下创造。一切已死的先辈们的传统，像梦魇一样纠缠着活人的头脑。[①]

今天的我们不能苛责巴黎公社的失败，毕竟这只是社会主义制度从理论到现实的第一次实践探索，我们应该像马克思那样坚定信心："无论公社在巴黎的命运怎样，它必然将遍立于全世界。"[②]

基于他看到社会主义制度无可比拟的内在优越性，基于巴黎公社立足社会主义制度而改造社会的历史创举，马克思再一次对实现"每个人的全面而自由的发展"进行有价值的判断，认为人的全面自由发展是制度的最高价值目标，而制度是实现人全面自由发展的社会条件。我们知道，在复杂的社会关系中，"全面"不仅仅限于与"片面"相对立而具有价值意义，它是考察人的存在状态及发展程度的内在标志；而"自由"也不只是一种主观感觉，它是有包括政治色彩等实质内容的。因此，实现"每个人的全面而自由的发展"不是自然而然的，必须有社会制度的积极推进。前资本主义历史阶段是"人的依赖性"的社会，而资本主义历史阶段则是"物的依赖性"的社会，不论是"人的依赖性"的社会还是"物的依赖性"的社会，其社会制度都造成一部分拥有更多权利而剥夺另一部分应有的权利，进而束缚了人的发展，约束了人的自由。巴黎公社的社会制度，向世人昭示了未来共产主义社会的制度定能体现"真正的民主""实

[①] 马克思、恩格斯：《马克思恩格斯文集》（第2卷），人民出版社2009年版，第470-471页。

[②] 马克思、恩格斯：《马克思恩格斯文集》（第3卷），人民出版社2009年版，第194页。

际的平等""实质的正义""统一的政治"。坚定制度自信，才能真正将道路自信、理论自信、价值观自信落到实处，才能真正体现社会主义的优越性。

第三节　马克思主义价值观自信思想之澄明

虽然我们能够确证马克思、恩格斯对实现"每个人的全面而自由的发展"持一种积极肯定的态度，但是还必须进一步澄明其思想特征，以回应那些对马克思主义价值观自信思想做主观性、断裂性以及片面性理解的言论。

一、实践性澄明

实践是价值观自信得以生成的本体基础。马克思对实现"每个人的全面而自由的发展"持一种积极肯定的态度，首先是从实践性加以澄明的。这是因为"全部社会生活在本质上是实践的。凡是把理论引向神秘主义的神秘东西，都能在人的实践中以及对这种实践的理解中得到合理的解决。"① 换言之，经典作家对实现"每个人的全面而自由的发展"所持的那种积极肯定的态度，作为一种心理积淀机制，在人的实践中能够得到澄明的。当然，这里指的实践，不是"理论范围以内的实践"②，而是被他从实践活动本身重构的"实践"——感性的、对象性的、人的活动，其基本内容指向人的本质力量的对象化。马克思说：

> 当现实的、肉体的、站在坚实的呈圆形的地球上呼出和吸入一切自然力的人通过自己的外化把自己现实的、对

---

① 马克思、恩格斯：《马克思恩格斯文集》（第1卷），人民出版社2009年版，第501页。
② 马克思、恩格斯：《马克思恩格斯全集》（第3卷），人民出版社1960年版，第339页。

象性的本质力量设定为异己的对象时，设定并不是主体；它是对象性的本质力量的主体性，因此这些本质力量的活动也必定是对象性的活动。①

这一论断在《关于费尔巴哈的提纲》中被表述为：

> 从前的一切唯物主义（包括费尔巴哈的唯物主义）的主要缺点是：对对象、现实、感性，只是从客体的或者直观的形式去理解，而不是把它们当作感性的人的活动，当做实践去理解……②

如果我们忽视了这一哲学深蕴，那么，就无法在实践性上真正把握经典作家对实现"每个人的全面而自由的发展"持一种积极肯定的态度。正如俞吾金先生所言：

> 只要人们仍然停留在近代哲学所信奉的、单纯的、抽象认识论的维度内看待马克思的实践观，这一实践观的实质和丰富内涵就会处在被遮蔽的状态下。③

吴晓明先生把实践的这一基础性表述为："前概念的、前逻辑的和前反思的"④。

"人的本质力量的对象化"，不仅仅强调实践作为认识世界与改造世界的工具性或者手段性，更强调实践作为人的存在方式的价值性。综观马克思、恩格斯的全部理论论著，他们致力解决如下这个大难题："作为一种对人的本质力量的自我肯定的实践为什么走向异化，走向反主体？"⑤围绕这个大难题，他们为人们的行动提供了向导，即提出并科学阐述了以实现"每个人的全面而自由的发展"为

---

① 马克思、恩格斯：《马克思恩格斯文集》（第 1 卷），人民出版社 2009 年版，第 209 页。
② 马克思、恩格斯：《马克思恩格斯文集》（第 1 卷），人民出版社 2009 年版，第 499 页。
③ 俞吾金：《对马克思实践观的当代反思》，《哲学动态》，2003（6）：3-4。
④ 吴晓明：《试论马克思哲学的存在论基础》，《学术月刊》，2001（9）：94。
⑤ 李群山：《实践与"人的全面而自由发展"关系辨证》，《常熟理工学院学报（哲学社会科学版）》，2010（7）：8。

核心价值的科学社会主义学说。

在马克思主义产生之前,实践的工具性与价值性都分别得到了强调。把实践作为一个工具性范畴去理解,起始于亚里士多德的"创制"概念,后来在近代哲学中被看作理论的应用,即"理论范围以内的实践",且被生产化与技术化,沦为人类认识世界与改造世界的工具。把实践作为一个价值性范畴去理解,则起始于亚里士多德的"实践"概念[①],这里的"实践"就是指目的在自身的行为。后来康德发展了"目的在自身的行为"这一层面意义上的"实践"的内涵,认为"理论范围以内的实践"只具备理论理性,而不具备实践理性,因此,"道德的实践"才是真正的实践。在马克思主义那里,实践的工具性与价值性得到了统一。经典作家认为,实践作为人的本质力量的对象化,不仅是人类认识世界与改造世界的基础或者工具,它还是人的存在方式,是人的本质力量的展示与实现。换言之,人的实践的目的在人自身,即实践的"人为性"始终指向实践的"为人性"。[②]因此,实践作为人的存在方式,就是要使人的实践活动达到实现"每个人的全面而自由的发展"的目的。因而,实践——人的本质力量的对象化——就是实现"每个人的全面而自由的发展"的基本方式。

首先,实践创造并发展了"实现每个人的全面而自由的发展"的现实需要。"实现每个人的全面而自由的发展"是人的一种对象性需要。这种对象性需要既由人的实践活动所创造,又促进人的实践活动发展。一般来说,人的对象性关系无非三种,即人与自然、人与社会、人与自我。实现"每个人的全面而自由的发展"就是在这三种对象性关系中展开的。世界是不会满足于人的,人只能以自己的实际行动在这三种对象性关系中来改造世界,以满足实现"每个人的全面而自由的发展"的现实需要。当然,"每个人的全面而自由的发展"的现实需要不是单一的,而是丰富的,不是一成不变的,而是变化发展的。因此,实践既是发展对象性需要的动力,又是满

[①] 亚里士多德把人的活动分为三种:理论、实践和创制。参见苗力田:《亚里士多德全集》(第7卷),中国人民大学出版社1993年版,第278页。
[②] 周忠华:《人为性与为人性:道德的本质属性》,《唯实》,2008(1):29。

足对象性需要的手段。

其次,实践制约并决定着"实现每个人的全面而自由的发展"的基本能力。一般来说,"实现每个人的全面而自由的发展",都是以人的相应能力为前提条件的,既取决于人自身能力的性质,又取决于人自身能力的水平。但"实现每个人的全面而自由的发展"的基本能力并不具有天赋性,相反,却是在社会实践活动中生成的。因此,一定社会历史条件下的社会实践活动制约着人的能力的发挥,决定着人的能力的发展。

最后,实践是"实现每个人的全面而自由的发展"的客观基础与基本确证。在经典作家看来,"全面而自由的发展"就是人的主观能动性与客观规律性在实践基础上的辩证统一,"不在于幻想中摆脱自然规律而独立"①,而是"能够有计划地使自然规律为一定的目的服务"②,因此,"全面而自由的发展"不在于意识中摆脱必然性的限制,而在于实践中尊重规律性且充分发挥主观性达到对现实性的把握。这种"把握"也就确证着实现"每个人的全面而自由的发展"的程度和范围、广度和深度。

二、历史性澄明

社会的具体、现实的历史性不仅构成价值观念的内在实质,也构成了作为心理积淀机制的价值观自信的内在实质。纵观《文集》便可发现,社会历史性是"实现每个人的全面而自由的发展"的本质内涵。因为在马克思看来,一切非马克思主义者总是脱离真实的、具体的、现实的社会历史条件抽象地谈论一切。他在批判费尔巴哈时就指出:"当费尔巴哈是一个唯物主义者的时候,历史在他的视野之外;当他去探讨历史的时候,他不是一个唯物主义者。在他那里,

---

① 马克思、恩格斯:《马克思恩格斯文集》(第9卷),人民出版社2009年版,第120页。
② 马克思、恩格斯:《马克思恩格斯文集》(第9卷),人民出版社2009年版,第120页。

唯物主义和历史是彼此完全脱离的。"①从这一论断中,我们可以看到两点信息:一是马克思批判了一切非马克思主义理论的根本缺陷;二是马克思阐明了在探讨任何理论问题时都得把握"社会历史性"。

虽说在《1844年经济学哲学手稿》中经典作家从人的实践活动来思考实现"每个人的全面而自由的发展",但由于此时刚刚从批判资本主义社会生活"副本"转向批判资本主义社会生活"原本",所以,马克思尚未深入历史之谜的最根本之处去谈论如何实现"每个人的全面而自由的发展"。不过很快,马克思就找到了破解问题的理路:"世俗基础本身应当在自身中、从它的矛盾中去理解。"②即历史本身及其矛盾蕴藏着实现"每个人的全面而自由的发展"的途径与方法。那历史本身是什么呢?历史又是一种什么样的矛盾呢?在《德意志意识形态》中,马克思用"可以纯粹经验的方法"作了相应表达:"人们为了能够'创造历史',必须能够生活",但是为了生活,首先需要解决基本的物质生活需求,而物质生活需求的解决依靠物质生产,"而生产本身又是以个人彼此之间的交往为前提的"③。但是,"起初是自主活动的条件,后来却变成了自主活动的桎梏"④,于是旧的交往形式不再适应新的生产发展要求而被新的交往形式所取代。马克思说:

> 已成为桎梏的旧交往形式被适应于比较发达的生产力,因而也适应于进步的个人自主活动方式的新交往形式所代替;新的交往形式又会成为桎梏,然后又为另一种交往形式所代替。⑤

---

① 马克思、恩格斯:《马克思恩格斯文集》(第1卷),人民出版社2009年版,第530页。
② 马克思、恩格斯:《马克思恩格斯文集》(第1卷),人民出版社2009年版,第500页。
③ 马克思、恩格斯:《马克思恩格斯文集》(第1卷),人民出版社2009年版,第520页。
④ 马克思、恩格斯:《马克思恩格斯文集》(第1卷),人民出版社2009年版,第575页。
⑤ 马克思、恩格斯:《马克思恩格斯文集》(第1卷),人民出版社2009年版,第575-576页。

因此,"一切历史冲突都根源于生产力和交往形式之间的矛盾"①。不过,在"《德意志意识形态》中,'历史'还没有以一定的、具体的、历史的生产关系的历史性涌动的形式来出现"②。因此,在《德意志意识形态》中,马克思也没有讨论实现"每个人的全面而自由的发展"的具体、现实的历史性,而这一工作是在《〈政治经济学批判〉序言》中才被系统、科学地表述出来,即我们"不能以它的意识为根据;相反,这个意识必须从物质生活的矛盾中,从社会生产力和生产关系之间的现存冲突中去解释"③。对照文本,我们可以把实现"每个人的全面而自由的发展"的具体、现实的历史性理解为以下几个基本点:

第一,人的发展是否全面、是否彰显出自由个性,绝不简单地是社会意识所能决定的,不是国家意识形态与社会思潮所能决定的,尽管国家领导人会把"实现每个人的全面而自由的发展"作为重视人、关爱人的价值目标,尽管社会思想精英会把实现"每个人的全面而自由的发展"作为他们言说的中心话语,尽管个体都诉求要实现自己的全面自由发展,但其具体内容与实现程度,都依赖于当时社会的发展条件。

第二,历史条件的生发是基本社会实践的,因此,实现"每个人的全面而自由的发展"必须立足于人的感性对象性活动,尤其是生产实践。正是马克思从实践活动本身重构"实践",社会历史观才具有唯物主义性,才获得系统科学的表述。任何离开实践这一基点的历史,都是虚无且没有任何价值的。因此,离开了实践这一现实的基点,实现"每个人的全面而自由的发展"是无从谈起的。

第三,实现"每个人的全面而自由的发展"是一个自然的历史过程,换言之,脱离历史条件、单凭道德价值规划的蓝图是不可能实现"每个人的全面而自由的发展"的。所谓"自然的",即实现"每

---

① 马克思、恩格斯:《马克思恩格斯文集》(第1卷),人民出版社2009年版,第567-578页。
② 孙伯鍨等:《"历史之谜"的历史性剥离与马克思哲学的深层内涵》,《南京大学学报》,2000(1):9。
③ 马克思、恩格斯:《马克思恩格斯文集》(第2卷),人民出版社2009年版,第592页。

个人的全面而自由的发展"作为过程不能游离在历史时间之外；所谓"历史的"，即实现"每个人的全面而自由的发展"作为过程是人的实践活动的历史性展开。因此，在不同的历史阶段，"每个人的全面而自由的发展"具有不同的内涵。在"人的依赖性"阶段，它的"全面自由性"意味着摆脱人对人的奴役；在"物的依赖性"阶段，它的"全面自由性"意味着摆脱物对人的奴役；在"自由个性"阶段，它的"全面自由性"意味着"每个人的自由发展是一切人的自由发展的条件"①。

第四，"每个人的全面而自由的发展"的实现程度与生产力的发展程度具有天然的逻辑匹配性，换言之，"实现每个人的全面而自由的发展"以社会历史发展规律为前提，并依据其内在逻辑性而展开。唯物史观认为，生产力的发展是推动人类社会发展的最终决定力量，而人不仅是历史的剧中人，也是历史的剧作者；生产力是人作用于对象时的能力，而生产力发展的旨归就在于实现人的解放。因此，人的发展与生产力的发展在实践基础上形成了辩证关系，它们的良性互动推动人类社会向前发展。进而我们可以说，生产力越发展，人就越能获得解放；人越得到解放，生产力也就越能获得发展。

第五，马克思主义关于实现"每个人的全面而自由的发展"，是立足于现实性而指向未来的。这里的现实性是指人的政治解放与社会解放。但"政治解放的限度一开始就表现在：即使人还没有真正摆脱某种限制，国家也可以摆脱这种限制，即使人还不是自由人，国家也可以成为自由国家"②。在现有的社会历史条件下，政治国家势必长期存在，故而"在经济、道德和精神方面都还带着它脱胎出来的那个旧社会的痕迹"③。这是弊病，但又是不可避免的。因此，对于实现"每个人的全面而自由的发展"，都是指向未来共产主义社会的。

---

① 马克思、恩格斯：《马克思恩格斯文集》（第2卷），人民出版社2009年版，第53页。
② 马克思、恩格斯：《马克思恩格斯文集》（第1卷），人民出版社2009年版，第28页。
③ 马克思、恩格斯：《马克思恩格斯文集》（第3卷），人民出版社2009年版，第434页。

三、总体性澄明

西方马克思主义者大多把"总体性"作为理解马克思、恩格斯思想的中心范畴[①],如卢卡奇(Georg Lukacs)认为:"总体范畴,整体对各个部分的全面的、决定性的统治地位,是马克思取自黑格尔并独创性地改造成为一门全新科学的基础方法的本质。"[②] 柯尔施(Karl Korsch)认为:"马克思主义理论是一种把社会发展作为活的整体来理解和把握的理论;或者更确切地说,它是一种把社会革命作为活的整体来理解和实践的理论。"[③] 马克思自己也曾说过:"不论我的著作有什么缺点,它们却有一个长处,即它们是一个艺术的整体。"[④]

综观《文集》,尽管马克思、恩格斯没有系统而具体地论述其总体性思想,但总体性原则的确是他考察人类社会及其发展历史的基本方法。就考察"每个人的全面而自由的发展"而言,他们把"每个人的全面而自由的发展"理解为一个总体,从"时间""结构""空间"三个维度展开了阐释。

第一,实现"每个人的全面而自由的发展"是一个自然的历史过程。唯物主义认为,人的发展有一个从低级到高级、从片面到全面、从奴役到自由不断发展的过程。用总体性原则考察"每个人的全面而自由的发展",必须正确处理人的发展的总体本质与具体事件的关系,拒绝对实现"每个人的全面而自由的发展"过程中的具体事件作"断裂式"的理解。我们承认社会发展过程中存在诸多的选择,而且有些可能违背一定历史条件的选择还获得了较好的发展方案,就像马克思在《共产党宣言》中列举资产阶级积极作用时所描述的,如农民选择进城务工,脱离土地的束缚、脱离农村生活的愚

---

① Martin Jay, Marxism and Totality, Berkeley: University of California Press, 1984: 14.
② [匈牙利]卢卡奇:《历史与阶级意识》,杜章智等译,商务印书馆1992年版,第76页。
③ [德]柯尔施:《马克思主义和哲学》,王南、荣新海译,重庆出版社1989年版,第38页。
④ 马克思、恩格斯:《马克思恩格斯文集》(第10卷),人民出版社2009年版,第231页。

昧状态；再如国家选择资本主导的城镇化道路，使生产资料集中起来，使人口集中起来。它在一定程度上促进了农民的发展，但是我们不能把这种实际发生的历史现象看成社会历史发展规律的必然表现。如果人们硬要这样去理解，那么我们就要反问：在人的发展方面受到种种事实上的不人道待遇一定是发展的代价吗？

第二，实现"每个人的全面而自由的发展"是多种发展关系综合作用的结果。唯物主义认为，用总体性原则考察"每个人的全面而自由的发展"，必须全面透视德、智、体等发展要素的相互作用、相互关系，拒绝对实现"每个人的全面而自由的发展"作那种"要素化"的理解。在马克思、恩格斯的论著中，他们都是从"主体间性"或者"主体际"的角度来理解人的，也就是说，他们总是从"关系"而不是"实体"来规定人的现实存在。马克思说："人的本质不是单个人所固有的抽象物，在其现实性上，它是一切社会关系的总和。"[1]马克思还指出，人类社会是"一切关系在其中同时存在而又互相依存的社会机体"[2]。

这就告诉我们：（1）不能把"每个人的全面而自由的发展"理解为那种抽象的"普遍本质"，也不能理解为孤立的"自我"的发展，而应该是从"社会关系"中去把握那实实在在的、体现在各种关系当中的"自由个性"。（2）它意味着作为孤立的、实体的个体自身的生活状态与生存命运都受到置身其中的社会关系所规约，进而它又意味着人的全面发展程度、自由个性彰显程度与社会关系的合乎人性的程度存在着逻辑匹配关系。基于以上两点，要实现"每个人的全面而自由的发展"，就必须改变那种追求某个（或某些）发展要素的社会关系，而致力于追求全部的且合乎人性的社会关系。正如马克思所说的，要实现"每个人的全面而自由的发展"，就必须"推翻使人成为被侮辱、被奴役、被遗弃和被蔑视的东西的一切关系"[3]。

---

[1] 马克思、恩格斯：《马克思恩格斯文集》（第1卷），人民出版社2009年版，第505页。

[2] 马克思、恩格斯：《马克思恩格斯文集》（第1卷），人民出版社2009年版，第604页。

[3] 马克思、恩格斯：《马克思恩格斯文集》（第1卷），人民出版社2009年版，第11页。

第三,实现"每个人的全面而自由的发展"是在"世界体系"和"世界历史"之中展开的。唯物主义认为,用总体性原则考察"每个人的全面而自由的发展",必须辩证把握总体化与个体化、世界性与民族性的关系,拒绝对实现"每个人的全面而自由的发展"作"地域性"理解。按照马克思主义的观点,历史形成的过程,包括世界历史形成的过程都是由人并通过人的劳动诞生的过程,因此,伴随世界历史的发展,人也在此进程中得到相应的发展。马克思说:"环境的改变和人的活动或自我改变的一致,只能被看作是并合理地理解为革命的实践。"①

因此,马克思、恩格斯立足于环境的改变和人的自我改变相一致的观点,对世界历史与实现"每个人的全面而自由的发展"之间的关系问题进行了检审,认为只有形成世界历史性的交往,才能扩大人的全面发展程度,才能彰显人的自由个性程度。从历史的维度来看,那种孤立的、民族性的、地域性的交往总是与生产力的滞后性发展有着天然联系,生产力发展滞后的民族国家,一般情况下都是那种闭关自守、孤芳自赏的民族国家。如果一个民族国家长期处于闭关自守、孤芳自赏的状态而游离于世界历史之外,那么就不可能获得生产力的高度发展和彻底解放。没有了生产力的高度发展和彻底解放,这个民族国家只会有普遍的贫困与极度的贫穷,只会产生争取生活必需品的斗争,那种人对人的依赖性、人对物的依赖性又要死灰复燃。在人对人的依赖性、人对物的依赖性死灰复燃的情况下,我们还谈什么实现"每个人的全面而自由的发展"呢?人的一切都将仅仅围绕着为求生命不死的生存而展开。当然,克服"狭隘地域性"个人的局限,充分利用世界文明成果来发展自身,"都不是在他们关于人的理想所决定和所容许的范围之内,而是在现有的生产力所决定和所容许的范围之内取得"②。

---

① 马克思、恩格斯:《马克思恩格斯文集》(第1卷),人民出版社2009年版,第500页。
② 马克思、恩格斯:《马克思恩格斯全集》(第3卷),人民出版社1960年版,第507页。

第三章

历史构境：
价值观自信的当年
与当代

在前世界历史时期,每一个民族、国家的价值观都是自成体系的,且没有交流,更没有交融与交锋,进而也就无所谓自信与否、焦虑有无。但历史进入世界历史时期,伴随全球化进程的不断加快,各民族、国家的文化交往日趋频繁,因此,各民族、国家的价值观在文化交互活动中既交融又交锋;在交融交锋中因比较或自负、或自信、或自卑。在对自近代以来的价值观自卑作出积极回应的众多历史行动之中,《中国本位的文化建设宣言》《为中国文化敬告世界人士宣言》《甲申文化宣言》三份宣言书的发表,是绕不过去并具开创性的历史事件,可视为价值观自信的当年建构。而当马克思主义核心价值观同中国国情相结合后,不断中国化与再中国化,形成了中国特色社会主义核心价值观,便成为价值观自信的当代建构。

第一节 价值观自信的当年建构

中国本位的价值取向就是以中华民族为主体的,体现和反映中国的发展实践和发展路向,具有中国特色、中国品格、中国气派的价值取向。自鸦片战争以来,中华民族迈上了漫长的伟大复兴之路,无论是物质文明建设、制度建设还是思想文化建设,都经历了一段从学习西方到探寻中国本位的历程。在这一漫长的思想转换轨迹上,《中国本位的文化建设宣言》《为中国文化敬告世界人士宣言》《甲申文化宣言》可视为价值观自信的当年建构。

一、《中国本位的文化建设宣言》

《中国本位的文化建设宣言》的发表,是有特殊历史背景的。这个特殊的历史背景就是在讨论"中国文化出路"之前所展开的持续十余年之久的"东西文化观"大论战。在"五四"新文化运动前夕,以《东方杂志》为阵地的杜亚泉等人与以《新青年》为阵地的陈独秀、李大钊等人围绕中西文化异同与优劣展开论辩。随着论辩的深人，由比较中西文化异同与优劣延伸为新旧文化能否融合。特别是 1920 年梁启超提出"西方文明破产论"和 1921 年梁漱溟提出"中国文化回归论"之后，"东西文化观"大论战重新回到异同与优劣的比较上，且论辩的深度、论辩的规模、论辩的影响力都大大前进了一步。论辩的结果是西方文化派占据了当时中国社会中的话语权，并明确提出了中国文化的出路在于文化置换，以西化中。如胡适在《中国今日的文化冲突》中提出了"抗拒""全盘接受""有选择性地采纳"三种对待西方文化的态度，并声称中国已经没有人再坚持"抗拒"了。① 再如陈序经在《中国文化之出路》中提出了"保存中国固有文化""中西合璧""全盘接受西洋文化"三种文化建设路径，并声称特别主张要全盘"西化"："兄弟是特别主张第三派的，就是要中国文化彻底地西化。"② 由此，"中国文化出路"大论辩的序幕揭开了。特别是陈序经在《中国文化之出路》演讲稿基础上修改的《中国文化的出路》一书出版后，引起了思想文化界当中对中国传统文化有"了解之同情"和"温情与敬意"的知识分子的强烈反响。冯友兰提出："凡著中国古代哲学史者，其对于古人之学说，应具了解之同情，方可下笔。"③ 钱穆说：

> 当信任何一国之国民，尤其是自称知识在水平线以上之国民，对其本国以往历史，应该略有所知。否则最多只算一有知识的人，不能算一有知识的国民。所谓对其本国以往历史略有所知者，尤必附随一种对其本国以往历史之温情与敬意。否则只算知道了一些外国史，不得云对本国史有知识。所谓对其本国以往历史有一种温情与敬意者，至少不会对其本国历史抱一种偏激的虚无主义，即视本国以往历史为无一点有价值，亦无一处足以使彼满意。亦至少不会感到现在我们是站在以往历史最高之顶点，此乃一种浅薄狂妄的进化观。而将我们当身种种罪恶与弱点，一

---

① 胡适：《胡适论学近著》（第 1 集），山东人民出版社 1998 年版，第 437 页。
② 陈序经：《中国文化之出路》，《文化月刊》，1934（7）：4-9。
③ 陈寅恪：《金明馆丛稿二编》，生活·读书·新知三联书店 2011 年版，第 279 页。

切诿卸于古人。此乃一种似是而非之文化自谴。①

《中国本位的文化建设宣言》就是在此历史背景下由何炳松等十位教授对全盘"西化"作出的回应。他们主张文化建设以中国文化为本位,以防止"拼命钻进古人的坟墓"和"抱着欧美传教士的脚"不放,"恢复中华民族的自信力"。如樊仲云回忆说:"为了恢复中华民族的自信力,于是我们提出建设中国本位文化的主张。"②又如何炳松所说:

> 我们的初衷无非想矫正一般盲目复古和盲目西化这两种不合此时中国需要的动向……我们的宣言假使能够激起主张这两种动向者再能各加一番反省的功夫,那我们的目的就可算达到了。③

这份非常短小的宣言书共有三部分内容。第一部分以"没了中国"为题,认为中国与中国人在文化领域中都丧失了它原有的特征,旨在阐述建设本位文化的必要性与紧迫性:

> 中国在文化的领域中是消失了;中国政治的形态、社会的组织和思想的内容与形式,已经失去它的特征。由这没有特征的政治、社会和思想所化育的人民,也渐渐地不能算得中国人。所以我们可以肯定地说:从文化的领域去展望,现代世界里面固然已经没有了中国,中国的领土里面也几乎已经没有了中国人。④

第二部分主要对影响中国建设的各种主张进行"一个总清算",认为国家的建设要在政治、经济、文化等方面进行全方位建设,政治、经济的重建已经启动,但文化建设却一片茫然。"拼命钻进古人

---

① 钱穆:《国史大纲》,商务印书馆 2014 年版,"前言"。
② 辽宁大学哲学系:《中国现代哲学史资料汇编》(第 2 集第 6 册),辽宁大学哲学系内部资料,1982 年,第 198 页。
③ 马芳若:《中国文化建设讨论集》(上),上海书店出版社 1989 年版,"序言"第 1 页。
④ 何炳松:《何炳松文集》(第 2 卷),商务印书馆 1996 年版,第 403 页。

的坟墓"论者的错误就在于忽视了历史不能也不需要重演,而"抱着欧美传教士的脚"不放的人的错误则在于完全忽视了中国空间、时间的特殊性:

> 有人以为中国该复古,但古代的中国已成历史。历史不能重演,也不需要重演;有人以为中国应完全模仿英美,英美固有英美的特长,但并非英美的中国应有其独特的意识形态,并且中国现在是在农业的封建的社会和工业的社会交嬗的时期,和已完全进到工业时代的英美,自有其不同的情形;所以我们决不能赞成完全模仿英美。除却主张模仿英美的以外,还有两派:一派主张模仿苏俄,一派主张模仿意、德。但其错误和主张模仿英美的人完全相同,都是轻视了中国空间时间的特殊性。①

第三部分主要提出本位文化建设的基本原则、基本态度与基本方法:

> 在建设的进程中,我们应有这样的认识:(1)中国是中国,不是任何一个地域,因而有它自己的特殊性。同时,中国是现在的中国,不是过去的中国,自有其一定的时代性。所以我们特别注意于此时此地的需要,就是中国本位的基础。(2)徒然赞美古代的中国制度思想,是无用的;徒然诅咒古代的中国制度思想,也一样无用;必须把过去的一切,加以检讨,存其所当存,去其所当去;其可赞美的良好制度伟大思想,当竭力为之发扬光大,以贡献于全世界;而可诅咒的不良制度卑劣思想,则当淘汰务尽,无所吝惜。(3)吸收欧、美的文化是必要而且应该的,但须吸收其所当吸收,而不应以全盘承受的态度,连渣滓都吸收过来。吸收的标准,当决定于现代中国的需要。(4)中国本位的文化建设,是创造,是迎头赶上去的创造;其创造目的是使在文化领域中因失去特征而没落的中国和中国

---

① 何炳松:《何炳松文集》(第2卷),商务印书馆1996年版,第405页。

人，不仅能与别国和别国人并驾齐驱于文化的领域，并且对于世界的文化能有最珍贵的贡献。(5)我们在文化上建设中国，并不是抛弃大同的理想，是先建设中国，成为一整个健全的单位，在促进世界大同上能有充分的力。循着这认识前进，那我们的文化建设就应是：不守旧；不盲从。根据中国本位，采取批评态度，应用科学方法来检讨过去，把握现在，创造未来。①

立足于宣言书写作的时代背景与文本内容，人们可以清晰地看到那种"残荷犹有傲霜枝"般的犹豫性自信，特别是在摒弃道德评判——关于宣言书发表的党化背景而站在学术层面探讨《中国本位的文化建设》与"民族复兴运动"的内在理路时，那种被遗忘与遮蔽的文化自信心就被洞察出来。

在何炳松等十位教授看来，实现民族文化复兴的入手处就是"恢复中华民族的自信力"。为什么呢？这是因为"乡村破产了，人口向都市集中。都市又依赖外国或受外国商品的资本的控制，所以民族自主的思想也就消沉不振。惧外媚外的心理就发达了"②。在发达的惧外媚外心理影响下，民族自主的思想变得消沉不振，如果没能"恢复中华民族的自信力"，一切自救性历史行动都将以失败而告终。因此，为了"使国人不至于盲从各种矛盾的思想"，就必须重塑一个基础性的、具有统摄作用的价值观念，否则民族文化不复存在，进而民族亦至覆灭。于是，"以科学的方法整理过去的一切，以科学智识充实现在的一切，以科学精神创造将来的一切"③。如此，"盲目动作的时代已经过去"④，而自信的时代已经到来。

但这份难得的自信却具有犹豫性。第一，《中国本位的文化建设》带有文化折中主义色彩。虽然宣言书极力批判文化复古主义和全盘"西化"主义，说它们要么钻古人墓，要么抱洋人腿，二者都没有给

---

① 何炳松：《何炳松文集》（第2卷），商务印书馆1996年版，第406-407页。
② 辽宁大学哲学系：《中国现代哲学史资料汇编》（第2集），辽宁大学哲学系内部资料，1982年，第204页。
③ 耿云志：《胡适论争集》，中国社会科学出版社1998年版，第1579-1580页。
④ 耿云志：《胡适论争集》，中国社会科学出版社1998年版，第1724页。

中国带来"光"和"热"。虽看到了批判的态度,却未能看到真正的"科学方法"——唯物辩证法。宣言书谓之科学的方法,其实就是"利用它的政治的权力来统制文化,确立文化之标准的"①。第二,《中国本位的文化建设》又带有文化保守主义色彩。在何炳松等十位教授看来,一个民族国家的文化特征总是优先于它的经济特征与政治特征,一个民族国家的文化立国之本总优先于它的政治经济强国之路。他们认为:

> 中国在文化的领域中是消失了;中国政治的形态、社会的组织和思想的内容与形式,已经失去它的特征。由这没有特征的政治、社会和思想所化育的人民,也渐渐地不能算得中国人。②

其实,这是不符合历史唯物主义的。第三,《中国本位的文化建设》也强调文化主体和文化建构的意义,既契合亲历者希望通过复兴文化并以此复兴民族的愿望,又符合文化建设与民族复兴的内在理路。总之,《中国本位的文化建设》在思想内层表现出文化自信,只是有些犹豫,它表征着民族文化自卑心理发展到极点时的彷徨四顾与大声疾呼。

二、《为中国文化敬告世界人士宣言》

在继续推进本位文化建设的过程中,中国人的文化思考与实践,逐渐从苦闷呐喊转向详尽反省、从自发跟进转向自觉探索。上承于《中国本位的文化建设》——走出文化自卑之阴影、勇于面对他者之挑战,1958年发表的《为中国文化敬告世界人士宣言》则强调对中华文化之精华进行历史开掘并与他者对话,这就有了文化自觉的意蕴。

自近代以来,尤其是"五四"新文化运动以后,在中西文化交流交锋中,中国传统文化处于"低势位",西方文化居于"高势位",导致蔑视中国传统文化而盲从西方文化的社会心理普遍存在。特别是

---

① 耿云志:《胡适论争集》,中国社会科学出版社1998年版,第1720页。
② 何炳松:《何炳松文集》(第2卷),商务印书馆1996年版,第403页。

在当时中国知识分子中出现了"自我去中国化"的倾向或趋势——以削足适履的方式评估中国文化这双脚是否符合西方社会提供的那双鞋。而在中华人民共和国成立之后,马克思主义作为指导思想取得了话语权。此时,新儒家看到在西方文化、马克思主义、中国传统文化三方角力当中,是"西风压倒了东风"。那些离开中国大陆时思想已经成熟的思想家,对于这场亘古未见、得未曾有的文化大变局,他们是躬逢其境的,其感受可谓刻骨铭心!同时,他们又耳闻目睹了海内外研究者们对中国文化的郢书燕说,或小儿强解事,对此深感忧虑和不安。唐君毅、牟宗三等人曾经有过非常无奈而凄凉的陈述:

> 我们相信,真正的智慧是生于忧患。因为只有忧患,可以把我们之精神,从一种定型的生活中解放出来,以产生一超越而涵盖的胸襟,去看问题的表面与里面、来路与去路。①

这份宣言书正是他们在这种"四顾苍茫,一无凭借的心境情调下,抚今追昔,从根本上反复用心"②的结果。需要说明的是,尽管他们对于马克思主义与中国传统文化之关系的认识是褊狭化的,但心境却是真实的。他们的努力就是要为中国人的文化精神找寻一个栖息之处,为中国人的文化心灵索求一个安顿之所:

> 这全人类四分之一的人口之生命与精神,何处寄托,如何安顿,实际上早已为全人类的共同良心所关切。中国问题早已化为世界的问题。③

这份四万余字的宣言书共有十二部分内容,既系统地阐述了他们对研究中国文化的基本原则、基本态度和基本方法,又表明了他们对中国文化的估价与中国文化建设出路的展望,还表明了他们对西方文化的估价与人类前途的展望。就研究中国文化的原则、态度和方法而言,他们呼吁凡是研究中国文化的人士都要有"同情"与

---

① 封祖盛:《当代新儒家》,生活·读书·新知三联书店1989年版,第2页。
② 封祖盛:《当代新儒家》,生活·读书·新知三联书店1989年版,第2页。
③ 封祖盛:《当代新儒家》,生活·读书·新知三联书店1989年版,第3页。

"敬意",因为"世界人士之了解中国与其学术文化,亦有因其出发之动机不同而限于片面的观点,此观点便阻碍其作更多方面的更深入的认识"[1]。如传教士们以传教为动机,故而对那些"言及上帝"的典籍内容或"尊天敬神"的观念非常注重;再如汉学家们的兴趣点在于中国文物和古迹;而那些史学家们出于现实政治考量,采取了"由今溯古,由流溯源,由果推因"的研究方法,陷入了"个人一时一地之偏见"[2]。总之,传教士们、汉学家们以及近代史学家们都"忘了这中间有血、有汗、有泪、有笑,有一贯的理想与精神在贯注",不承认"中国文化之活的精神生命之存在"[3]。因为这些传教士们、汉学家们以及近代史学家们在研究中国文化时是没有"同情"与"敬意"的。"对一切人间的事物,若是根本没有同情与敬意,即根本无真实的了解"[4]。就中国文化估价与建设展望而言,他们认为中国文化与西方文化相比较,其特征就是"道统之相续",具有"一本性",其中哲学思想是根干,而伦理道德与宗教精神是其精神生命之表现方式,心性之学则是其根据和核心;其不足在于缺乏近代民主精神和科学精神,有学统不释、政统不扶的缺憾,进而认为彰显道统、开释学统、扶植政统是中国文化建设与发展的新路向。就西方文化估价与人类前途展望而言,他们认为西方文化近一两百年来突飞猛进的历程带来了诸多冲突与问题:

> 近代之西方文化,在其突飞猛进之途程中,亦明显地表现有种种之冲突与种种之问题。如由宗教改革而有宗教之战争;由民族国家之分别建立而有民族国家之战争;由产业革命而有资本主义社会中劳资之对立;为向外争取资源,开发殖民地,而有压迫弱小民族之帝国主义行动,及为争取殖民地而生之帝国主义间之战争;……而二十世纪以来,亚洲非洲之民族主义兴起,既与西方国家之既得利益相冲突,又因其对欧美之富强而言,整个之亚洲非洲,

---

[1] 封祖盛:《当代新儒家》,生活·读书·新知三联书店1989年版,第4页。
[2] 封祖盛:《当代新儒家》,生活·读书·新知三联书店1989年版,第3-6页。
[3] 封祖盛:《当代新儒家》,生活·读书·新知三联书店1989年版,第7-9页。
[4] 封祖盛:《当代新儒家》,生活·读书·新知三联书店1989年版,第8页。

无异于一大无产阶级，于是……亚洲非洲之民族主义与共产主义相结合，以反抗西方国家……此皆近代西方文化之突飞猛进所带来之后果。[1]

因此，除东方向西方学习外，西方也要向东方学习，即向东方文化学习"'当下即是'之精神与'一切放下'之襟袍"，学习东方文化"一种圆而神的智慧"，"一种温润而恻但或悲悯之情""天下一家之情怀"。[2]进而在中西文化平等对话基础上，强调不同文化差异共存、相互敬重与同情。而历史发展到现在，正是"真正以眼光、平等互视对方的时候了"，并强调"人类同应一通古今之变，相信人性之心同理同的精神，来共同担负人类的艰难，苦病，缺点，同过失，然后才能开出人类的新路"[3]。

依据《为中国文化敬告世界人士宣言》的时代背景与文本内容，我们能够看到新儒家对传统文化在反省中产生的自信，即特别强调"这中间有血、有汗、有泪、有笑，有一贯的理想与精神之贯注"[4]。我们说它是自信的，这是因为这份宣言书全文的重点或者说本意就在于开掘中国传统文化，对世界文化的展望仅仅是附带的：

> 在此宣言中，我们所要说的，是我们对中国文化之过去与现在之基本认识及对其前途之展望。与今日中国及世界人士研究中国学术文化及中国问题应取的方向，并附及我们对世界文化的期望。因为我们真切相信：中国文化问题，有其世界的重要性。[5]

我们说它是反省的自信，这是因为这份宣言书表现出文化的觉醒，要为中国人的生命与精神寻找寄托之地并予以安顿。但在反省的同时，又表现出极大的无奈。这是因为在新儒家那里，曾被称之为"十年间吾人努力之综结"的《为中国文化敬告世界人士宣言》，

---

[1] 封祖盛：《当代新儒家》，生活·读书·新知三联书店1989年版，第38页。
[2] 封祖盛：《当代新儒家》，生活·读书·新知三联书店1989年版，第22-27页。
[3] 封祖盛：《当代新儒家》，生活·读书·新知三联书店1989年版，第28页。
[4] 封祖盛：《当代新儒家》，生活·读书·新知三联书店1989年版，第7页。
[5] 封祖盛：《当代新儒家》，生活·读书·新知三联书店1989年版，第3页。

仅仅是为中国人的文化精神寻找一个栖息之处，为文化心灵索求一个安顿之所，不要使中国文化成为世界文化的悬疣附赘。特别是作者们还连用了两个"恳求"——"（我们）研究所已得的关于中国学术文化之过去现在与未来的结论……恳求世界人士注意"；"我们首先要恳求：中国与世界人士研究中国学术文化者，须肯定承认中国文化之活的生命之存在"——显而易见地表现出那种谋划文化自信的底气不足。

三、《甲申文化宣言》

如果说《中国本位的文化建设》提出了要走出文化自卑、面对世界文化之挑战，《为中国文化敬告世界人士宣言》提出了要形成文化自觉、展开与世界文化之对话，那么，2004年发表的《甲申文化宣言》则提出了要坚定文化自信、与世界文化进行平等对话。这不仅体现出对本位文化的自信，更是实现中华民族（文化）伟大复兴[①]的真正开始。

事实上，自从中国被动卷入世界现代化浪潮当中以来，人们对中国文化的观察始终是放在全球化的框架下展开的。早在《海国图志》中魏源就曾说："岂天地气运自西北而东南，将中外一家欤！"从那时起，所有中西文化论辩都是对"三千年未有之大变局"的回应。然而，《甲申文化宣言》较之前面两份宣言书，全球化的时代背景更为突出，也更为特殊。进入21世纪以来，中国不仅在国际活动中发挥重要作用（如加入世贸组织、成功申奥），而且GDP在当时已超英、法、德，跃居全球第三位，更让中国人兴奋的是国家汉办开始在全球举办孔子学院，展现中国文化。在此特殊的全球化背景下，中国知识分子们借"2004文化高峰论坛"向世界表达了他们的

[①] 关于"中华文化的复兴"与"中华民族的复兴"的问题，在2001年10月，由李伯淳执笔，由张岱年、季羡林等76位著名文化学者签名发表的《中华文化宣言》中多有表述，《宣言》认为"中华文化复兴是中华民族复兴的组成部分"，并十分豪迈地向全世界宣告："二十一世纪是中华文化复兴的时代！"

文化主张。

第一，倡导文明多样性：

> 文明多样性是人类文化存有的基本形态。……主张文明对话，以减少偏见、减少敌意，消弭隔阂，消弭误解。反对排斥异质文明的狭隘民族主义，更反对以优劣论文明，或者将不同文明之间的关系形容为不可调和的冲突，甚至认为这种冲突将导致灾难性的政治角力和战争。①

第二，主张文化多元化：

> 任何国家民族都有自己文化创造、文化发展和文化选择的权利。文化多元化对于全球范围的人文生态，犹如生物多样性对于维持物种平衡那样必不可少。每个国家、民族都有权利和义务保存和发展自己的传统文化；都有权利自主选择接受、不完全接受或在某些具体领域完全不接受外来文化因素；同时也有权对人类共同面临的文化问题发表自己的意见。国家不论大小、历史不论长短、国力不论强弱，在文化交往和交流方面均享有平等权利。反对文化沙文主义和文化歧视。②

第三，"中华文化，至今仍是全体中国人和海外华人的精神家园、情感纽带和身份认同……她不但有自强的力量，而且有兼容的气度，灵便的智慧"③。

第四，中华文化在世界文化领域中有其独特价值：

> 中华文化注重人格、注重伦理、注重利他、注重和谐的东方品格和释放着和平信息的人文精神，对于思考和消解当今世界个人至上、物欲至上、恶性竞争、掠夺性开发以及种种令人忧虑的现象，对于追求人类的安宁与幸福，

---

① 许嘉璐等：《甲申文化宣言》，《中国青年报》，2004-09-08（B2）。
② 许嘉璐等：《甲申文化宣言》，《中国青年报》，2004-09-08（B2）。
③ 许嘉璐等：《甲申文化宣言》，《中国青年报》，2004-09-08（B2）。

必将提供重要的思想启示。①

第五，发展中华文化应该汲取世界文化之精华：

当今中国人应当与时俱进，反思自己的传统文化，学习和吸收世界各国文化的优长之处，发展中国的文化。接受自由、民主、公正、人权、法制、种族平等、国家主权等价值观。②

第六，呼吁政府推行积极有效的文化政策：

捍卫世界文明的多样性，理解和尊重异质文明；保护各国、各民族的文化传统；实现公平的多种文化形态的表达与传播；推行公民教育，激励国家、民族和地区间的文化交流。③

这份宣言书尽管由于缺少学理分析④，其中的有些观点经不起推敲，甚至个别观点难以成立⑤，但是与《中国本位的文化建设》《为中国文化敬告世界人士宣言》相比，虽为微言，却是大义，表现了坚定的文化自信。因为同是强调本位文化建设，《中国本位的文化建设》与《为中国文化敬告世界人士宣言》更多的是把中国文化本身作为建设目标，而《甲申文化宣言》却以世界文化为建设目标；同是强调对中华传统文化进行历史性开掘，但《中国本位的文化建设》与《为中国文化敬告世界人士宣言》更多地注重对中华传统文化的继承，而《甲申文化宣言》不仅要对中华传统文化进行历史性开掘，还要对中华传统文化进行创造性转化、创新性发展，以便实现其现代性阐释，并以此来筹划当今世界文化的差异共存。正如《甲申文

---

① 许嘉璐等：《甲申文化宣言》，《中国青年报》，2004-09-08（B2）。
② 许嘉璐等：《甲申文化宣言》，《中国青年报》，2004-09-08（B2）。
③ 许嘉璐等：《甲申文化宣言》，《中国青年报》，2004-09-08（B2）。
④ 参见顾乃忠：《评〈甲申文化宣言〉的学理基础》，《南京大学学报》，2006（1）：76-84；顾乃忠：《再评〈甲申文化宣言〉的学理基础》，《江苏行政学院学报》，2006（4）：35-41。
⑤ 袁伟时：《评〈甲申文化宣言〉》，《南方都市报》，2004-09-21（4）。

化宣言》所说的：我们既"反思自己的传统文化，学习和吸收世界各国文化的优长，以发展中国的文化"①，也确信"中华文化注重人格、注重伦理、注重利他、注重和谐的东方品格和释放着和平信息的人文精神，对于思考和消解当今世界个人至上、物欲至上、恶性竞争、掠夺性开发以及种种令人忧虑的现象，对于追求人类的安宁与幸福，必将提供重要的思想启示"②。

可以说，这份宣言书不仅仅反映了新全球化时代中国文化的自我认知，也不仅仅反映了中国文化在世界文明格局与民族文化丛林中的某些要求，更主要的是反映了新全球化时代中国知识分子的文化自觉意识的觉醒和文化自信心的增强。因为《甲申文化宣言》宣告把中华文化放在人类文明之中，把中华文化的本位建设由群体性提升到类性，即由民族文化提升到人类文化。这是自鸦片战争以来，第一次把中国文化与世界文化放在对等的位置上，做出了最为自信的表达。

第二节 马克思主义核心价值观的中国化与再中国化

从以上三份宣言书可以看到，文化保守主义主张在全球化背景下既要用比较开放的心智面对西方价值观，又要以价值观的多样性抗衡"普世"价值观，在人类未来社会建构多元共存价值生态。因此，这三份宣言书被称为文化保守主义思潮的典型文本。③中国共产党必须以马克思主义为指导，结合世情、国情、党情，构建一种新的自信，这种新的价值观自信以马克思主义核心价值观中国化与再中国化为前提。当然，在这一传播过程中，马克思主义核心价值观的"出场形态"随着"出场语境"与"出场路径"的转换也发生了

---

① 许嘉璐等：《甲申文化宣言》，《中国青年报》，2004-09-08（B2）。
② 许嘉璐等：《甲申文化宣言》，《中国青年报》，2004-09-08（B2）。
③ 俞祖华、赵慧峰：《三份宣言：文化保守主义思潮的典型文本》，《东岳论丛》，2009（1）：135。

相应变化。其在中国的出场，必是基于"中国立场"与"中国视域"，聚焦"中国问题"的特殊性。20世纪以来的中国，是其出场的新语境；围绕时代实践和正在做的事展开思想对话，是其在中国出场的新路径；不同阶段的核心价值观，是其在中国出场的新形态。因为历史即为差异。那个在19世纪中叶开始在欧洲徘徊的马克思主义幽灵，伴随着十月革命一声炮响来到中国，内在地遭遇时空转换，因而使其出场语境、出场路径与出场形态都相应地呈现出差异性。因此，必须终结那种追求一劳永逸的在场形态的企图，实现马克思主义中国化，使马克思主义话语有中国式的表达。

一、马克思主义的中国化与再中国化

从秦汉到19世纪中叶，中国人对自己所处社会倡导的价值观一直秉持积极肯定的态度。但爆发于1840年的鸦片战争不仅使中华民族面临着"亡国、亡天下"的民族灾难，也使中华民族的精神根基遭到破坏，引起了中华传统文化与价值观的危机。由于西方进行了工业革命，中国发展显然跟不上西方的节奏，就连火柴、钉子之类的日用品都打上了西洋的色彩，被称为"洋火""洋钉"。落后就要挨打。鸦片战争以来，"西方列强的枪炮摧毁的不仅是中国人的主权、生命与财产，还有中国人的价值自信"①。中国人的文化自信和价值观自信大受打击，一些人甚至陷入文化自卑，总认为"外国的月亮比中国的圆"，出现了"打倒孔家店"、全盘"西化"的主张，更多的中国人则认识到要救国必须维新变法，必须向西方学习，并在此基础上重建中国价值观。即使是在当下，仍有相当一部分人言必称西方，并以西方价值观为圭臬来评断中国。对于这一问题，主要表现为在西方社会大力"去中国化"的基础上，一些人进行着"自我去中国化"。

西方的"去中国化"早在18世纪就已萌生，将中国妖魔化为与世界文明格格不入且危害极大的"黄祸"，是当时西方对中国人的一

---

① 莫凡、李慧斌：《中国特色社会主义价值自信何以可能？——兼以社会主义"自由"价值观自觉为例》，《科学社会主义》，2015（2）：79。

个基本叙事判断。①特别是到了 19 世纪以后,当欧洲在世界范围内确立了自己的经济优势与政治权威之后,推翻中国影像的浪潮一浪接着一浪,时至今日,西方"去中国化"的话语已从"黄祸论"演变到了"中国威胁论""中国崩溃论"。西方的"去中国化",不仅仅是为了去掉中国在世界上的影像,更是为了去掉中国在世界上发挥价值影响的文化精神。可悲的是,"去中国化"还发生在中国本土。即随着鸦片战争的爆发,一些人认为中国文明在西方的坚船利炮面前显得一无是处,这个曾经自信满满的"天国"被迫将自己的姿态降格为被老师打骂的学生。在这样的政治局势下,深受"去中国化"话语影响的一部分中国知识分子开始了"自我去中国化"——以一种削足适履的方式评价本民族文化与价值观,并把不符合西方标准的文化与价值观一概视为糟粕。"在 19 世纪末至 20 世纪 20 年代初,自卑于自己的民族文化是当时中国人普遍的文化心理。"②一些所谓的文化大家、思想精英在反思中国近代以来"落后挨打"的惨痛教训时,把账算到了中国传统文化头上。不仅提出"一切都应该采用西洋的新法子"③,还要"废古文、除汉字",甚至有人认为这样的文化置换还不够彻底,建议与洋人杂交,改良人种:

> 顾近年来风气渐变,真正爱国者,始知设无真正品质健全之国民,即不能有真正稳固之"民气",即不能有真正强有力之政治组织,亦即不足与言真实之竞存;而真正健全之国民,犹之良马嘉谷,因缘于血种者多,凭借于境遇者少;而向之力主以改良境遇之治标政策者乃分其余力于改良民种之治本政策矣。④

这是对中国文化与价值观的彻底否定,更是价值观自卑最为极端的表现。当然,那些不愿匍匐在西方文化脚下的中国"传统"知

---

① 周宁:《天朝遥远——西方的中国形象研究》(上),北京大学出版社 2006 年版,第 354 页。
② 封海清:《从文化自卑到文化自觉——20 世纪 20~30 年代中国文化走向的转变》,《云南社会科学》,2006(5):34。
③ 陈独秀:《陈独秀著作选》(第 1 卷),上海人民出版社 1993 年版,第 386 页。
④ 潘光旦:《潘光旦文集》(第 1 卷),北京大学出版社 2000 年版,第 343 页。

识分子,也在努力地"去西方化"。围绕"去中国化"话语先后产生种种纷争:中西体用之争、科玄之争、白话文言之争、国故新知之争……有些纷争为是非问题,有些纷争为强度问题,这些纷争的是非与强度存在奇特的交错与互动现象,并持续至今。它们或多或少、或大或小地对中国文化与价值观念产生这样或那样的影响。

  时至今日,这种价值观自卑心理仍然在诸多方面有明显的表现,最为突出的有:一是普通百姓"自觉不自觉地接受了符合逻辑的三段论:因为生产力是时代进步的决定因素,而欧美的生产力发达,所以中国应该走西方道路"[①]。二是部分社会精英认为全球化就是全球资本主义化,诉求移植西方文化与价值观对中国进行全方位改造。三是与新文化运动对中国传统文化、价值观展开激烈批判相比较,如今基本上是忽视其存在,甚至我们的语文教科书都出现去掉古代经典诗词和散文的现象。不屑置辩、不值一提不仅是对本民族文化与价值观最大的轻蔑,更是深不见底的价值观自卑。四是一些地方的社会建设、文化建设、制度建设等时时处处以外国人的眼光为转移,好似"父子骑驴"的故事。

  任何一种抛弃传统文化与价值观的"去中国化",都会消解本民族的精、气、神,都会破坏国人安身立命的精神支柱,都会"长他人志气、灭自己威风",都是精神上的自我矮化。中国人民、中华民族要立于世界,要雄于世界,必须要有文化自信和价值观自信。除了少数人走极端之外,中国知识分子普遍认为中国传统文化与价值观必须求新求变以适应历史向前发展潮流。如何实现新与变呢?引入新的文化来"化中"。从鸦片战争以来,中国先后主动地引进了西方的科技文化(如洋务运动)、西方的制度文化(如维新运动)、西方的价值文化(如"科学"与"民主")以及马克思主义。一个多世纪以来,西方的科技文化、制度文化、价值文化以及马克思主义经历了不同的历史命运,有的在话语层面显示出与中国文化、中国价值的某种冲突,有的却在话语层面显示出与中国文化、中国价值的

---

① 关志坤、徐宏力:《中国文化的自负、自卑与自觉》,《齐鲁学刊》,2011(4):43。

某种融合。

　　引入新的文化来"化中",有两种路径,由此会产生两种完全不同的后果。一种是通过文化置换而"去中国化",另一种则是通过文化改造而"再中国化"。全盘"西化"论者认为,中国文化与价值观要求新求变就必须以西方文化与价值观来置换之。其典型代表就是陈序经,他在其《中国文化的出路》一书中利用他的文化整体论和文化进化论对薛福成的"道的文化与器的文化"、张之洞的"中学为体,西学为用"、梁启超的"精神文化与物质文化"、吴景超的"含有世界性的文化与含有国别性的文化"、杜亚泉的"动的文化与静的文化"等中西文化调和论主张展开逐一批驳,极力主张全盘"西化"。①尽管学术界在不断深掘陈序经的思想,并为他的"全盘西化论"的实质内涵进行澄清②,但无论如何,我们不可能否认他就是一名全盘"西化"论者。也有些人认为,中国文化与中国价值的求新求变,不是文化转换问题而是文化改造问题,因此,对中国文化与中国价值进行改造才是求新求变的出路。当然,改造论者又分为消极改造与积极改造两派。消极改造论者主要是文化保守主义者,其典型代表有"东方文化派"与"学衡派"。"东方文化派"虽在表象上具有浓烈的文化民族主义情结,但在本质上却认同以西方文化之精髓来重构中国文化与价值观。例如,杜亚泉主张"西方动的文化"与"中国静的文化"协力发展;梁启超主张以文化塑"新民";梁漱溟以"乡村建设"践行其提出的"三大文化路向"之主张;张君劢基于科学观与人生观的关系之评判,设计"明日之中国文化"③。而"学衡派"的文化观依其简章,就是《学衡》杂志的发刊词:"昌明国粹,融化新知"④,主张会通中外文化之精髓,重构出优秀文化之精魂。积极

---

① 陈序经:《中国文化的出路》,岳麓书社2010年版,第81页。
② 例如,张世保认为陈序经所主张的"全盘西化"论不能简单地理解为全盘资本主义化,其真实含义应当是要求在中国文化土壤中确立现代性。陈序经主张"全盘西化"论的用意是反对"时代的投机者"——折中派。参见张世保:《陈序经"全盘西化"论解析》,《中南民族大学学报》,2008(2):101。
③ 张君劢:《明日之中国文化》,山东人民出版社1998年版,第84-93页。
④ 沈卫威:《"学衡派"谱系:历史与叙事》,江西教育出版社2007年版,第97页。

改造论的典型代表是中国共产党人,他们主张用马克思主义改造中国传统文化与价值观,实现马克思主义与中华传统文化创造性转化与创新性发展。在此意义上讲,对中国文化与中国价值进行积极改造,已不再是"去中国化"了,而是在"中国化"的基础上进行"再中国化"——既用马克思主义提升和改造中国传统文化,又用中国传统文化的理念和智慧理解和运用马克思主义;既遵循马克思主义,又没忘记自己的"老祖宗"。

需要说明的是,我们所说的"中国化"是针对"去中国化"提出的,关涉中国文化与价值观向何处去的问题;我们所说的"再中国化"是一个反思性重构的命题,而不是一个解构的命题,该命题的核心旨趣在于文化自觉与文化自信,即更加自觉地立足于民族文化、立足于传统优秀价值观加强中国文化与价值观建设,而不是说以往的文化建设与价值观培育的立场、观点、方法没有"中国立场"与"中国视域",没有聚焦"中国问题"的特殊性。中国共产党人用马克思主义改造中国传统文化与价值观,实现中华传统文化与价值观创造性转化与创新性发展,其目的在于实现中国民族性、现代性的自我转换与重塑。因此,用马克思主义化中国不是马克思主义的"一般原理"同中国文化与价值观的"特殊性"的简单叠加,不是马克思主义的"基本原理"同中国文化与价值观的自在既定相整合,而是民族性、现代性、实践性、理论性的高度统一。

为什么在"化中"的历史活动中,我们引入诸多西学理论,只有马克思主义能与中国文化、中国价值观实现有机融合呢?这主要是因为"理论在一个国家实现的程度,总是取决于理论满足这个国家的需要的程度"①。在"五四"文化运动之后,虽说马克思主义也是一种地方性知识,之所以能够在中国迅速崛起并发挥巨大作用,其主要原因有两点:一是马克思主义理论本身的科学性,它以唯物史观向人们展示了人类社会发展的基本规律,蕴含了同中国实际有机结合的可能:在时间观念上,它以螺旋式上升而非直线性发展的

---

① 马克思、恩格斯:《马克思恩格斯文集》(第1卷),人民出版社2009年版,第12页。

社会进化论历史地、辩证地看待一切事物,从而弱化理论的普遍性而强化规律的普遍性;在空间观念上,它重视区域差异性,强调具体情况具体分析,但也重视同一性,也强调不同民族国家之间的共同性。二是"中国的社会条件有了这种需要"①,"同中国人民革命的实践发生了联系"②,"被中国人民所掌握"③。至此,我们可以看到,"马克思主义中国化"既有了必要性也有了可能性。

其实,从"开眼看世界""师夷长技以制夷"到《资政新篇》,从"维新思想"到"三民主义",向西方学习成了近代以来中国先进知识分子思想追求的总趋向。但随着西方众多的"主义""学说"在中国实践的失败,中国先进知识分子开始深入思考问题的症结:好"主义"必须与中国实际情况相结合。从"五四"运动开始,这一认识逐渐在中国知识分子中成为基本共识,特别是"中国化"一词不断地被论及与强化。如《论中国式的安那其主义答光亮》的刊载,《如何使新教育中国化》的出版,《中国本位文化建设宣言》的发表,如此等等。在这场学术"中国化"运动中,部分马克思主义学者也对"马克思主义中国化"问题展开了论述,如陈唯实主张"辩证法之实用化和中国化",艾思奇主张"马克思主义哲学中国化",胡绳对"马克思主义哲学中国化"的解释,等等。

在推进学术"中国化"进程中,中国共产党人对马克思主义中国化逐渐有了认识。例如,在与胡适展开"问题与主义"论争的过程中,李大钊明确提出了"主义"必须与"实境"相结合的基本思想;张太雷认为要"把国际无产阶级政党的纲领和方法正确地运用于各国具体特点的基础之上"④;恽代英认为"解决中国的问题,自然要根据中国的情形,以决定中国的办法"⑤;瞿秋白认为"革命的理论永不能和革命的实践相离","应用马克思主义于中国国情的工作,断不可一日或缓"。⑥需要指出的是,关于这些思想,中国共产

---

① 毛泽东:《毛泽东选集》(第4卷),人民出版社1991年版,第1515页。
② 毛泽东:《毛泽东选集》(第4卷),人民出版社1991年版,第1515页。
③ 毛泽东:《毛泽东选集》(第4卷),人民出版社1991年版,第1515页。
④ 张太雷:《张太雷文集》(续),江苏人民出版社1992年版,第32页。
⑤ 恽代英:《恽代英文集》(上),人民出版社1984年版,第480页。
⑥ 瞿秋白:《瞿秋白选集》,人民出版社1985年版,第310页。

党在幼年时期对于这个问题尚未形成深刻的、统一的认识。中国共产党真正意识到这个问题的重要性是在遵义会议以后。就全党而言，则是在延安整风以后。在此期间，毛泽东撰写了《实践论》《矛盾论》《论持久战》等著作，对马克思主义中国化的一些基本思想进行了深刻的阐述，在中国共产党六届六中全会上才提出了"马克思主义中国化"这个命题。

但是，我们必须明白"马克思主义中国化"任务的提出，有一个重大而深刻的指向：作为本质统一的马克思主义因置身于"20世纪上半叶的中国"这一特殊的场位而呈现出差异性的出场方式和出场形态。也正因为如此，恩格斯才告诫："马克思的整个世界观不是教义，而是方法。它提供的不是现成的教条，而是进一步研究的出发点和供这种研究使用的方法。"①宣布他们的思想不是"超历史的一般历史哲学"；相反，马克思、恩格斯认为"任何思想都是时代的思想"，"每个原理都有其出现的世纪"。②问题在于，"中国"这一场位的特殊性又体现在哪里呢？这是我们需要深入分析的。

从总体上来说，近代以来的中西全面接触导致了"中国特殊性"问题的出现。不论是保守派、折中派还是革新派，它们都把源自西方的历史实践经验视为人类社会发展的一般规律，从而在认知上自然地把西方与中国的二元关系转换为普遍与特殊的关系。因此，在近代思想话语中，"中国特殊性"成了与西方相比较时所形成的自我描述，农耕文明、人治、伦理精神、封建帝国等成了描述的基本词语。但这种关于"中国特殊性"的叙述包含一种独特的普遍主义观点，即肯定某种地方性知识普遍适用性而否定历史规律普遍适用性。例如"科学"与"民主"是五四时期形成的最重要的普遍价值概念。虽说保守派否定"科学"与"民主"在中国的适用性，但他们肯定其地方性。革新派不仅肯定"科学"与"民主"的地方性，还认为"科学"与"民主"具有普遍的可适用性。正是在此观念的影响下，

---

① 马克思、恩格斯：《马克思恩格斯文集》（第10卷），人民出版社2009年版，第691页。
② 马克思、恩格斯：《马克思恩格斯文集》（第1卷），人民出版社2009年版，第607页。

那种"唯理论的和反历史的"[①]文化批判——礼教批判、儒学批判、白话文推广、妇女解放、文学与戏剧革命等——得以轰轰烈烈地开展。这在相当大的程度上强化了人们在横向关注那些现代民族主义的相关议题,进而也在一定程度上弱化了那些所谓文化大家、思想精英们在纵向对社会历史发展的探寻。

中国共产党人认为,"中国的特殊性"不仅包括中西横向比较显现出来的、集中于现代民族主义议题上的特殊性,也包括在人类社会历史发展进程中中国所处的特定历史阶段的特殊性。当集中于现代民族主义议题上的特殊性与所处的特定历史阶段的特殊性交汇于"近代中国"这个场位时,"两半性质社会"就成为当时中国的特殊性。如此,中国人的历史任务自然就是争取民族独立、人民解放和实现国家富强、人民富裕。因为自鸦片战争起,随着外国资本主义的入侵,中国社会逐步变成了半殖民地半封建社会,中国人民遭受着民族压迫与封建压迫。为了使中国在世界上站起来,为了使中国人民富起来,就必须推翻半殖民地半封建的社会制度,争得民族独立和人民解放;就必须改变近代中国那种贫穷落后的面貌,实现国家富强和人民富裕。

立足于近代中国是个半殖民地半封建社会这一特殊性,马克思主义实现了中国化转换,形成了中国化的马克思主义。

但是,中国化的马克思主义只是"一般"向"特殊"转化的产物。中国化的马克思主义绝对不能仅仅停留于马克思主义在中国,还必须"再中国化",即立足中国实践,对中国优秀传统文化进行历史性开掘、现代性阐释以及普适性融合,实现与世界各国、各民族的对话,突出中国文化与价值观在世界中的地位而不是世界文化与价值观在中国的地位。我们必须清醒地意识到,中国化的马克思主义并不仅仅是中国革命、建设与改革的成果,它还是从"特殊"向"一般"转化的产物。我们要超越革命的与现代化的视野站在后现代化的历史高度来看待中国化的马克思主义。不突破原有的马克思主

[①] [意]贝奈戴托·克罗齐:《历史学的理论和实际》,傅任敢译,商务印书馆1982年版,第209页。

义中国化的历史逻辑，我们将如何保证中国化的马克思主义不断出场而永恒在场呢？马克思主义的"再中国化"，就是要立足于中国肩负着世界历史新使命的原则高度，直面非马克思主义思潮不断挑战以及处理重大现实问题。

马克思说："一切划时代的体系的真正的内容都是由于产生这些体系的那个时期的需要而形成起来的。所有这些体系都是以本国过去的整个发展为基础的，是以阶级关系的历史形式及其政治的、道德的、哲学的以及其他的后果为基础的。"[1]在马克思主义产生以后的任何时代，马克思主义的理论创新既需要重估自身的时代价值，也需要有自身的时代判断。因为马克思主义始终面临着如何应对非马克思主义思潮不断挑战以及处理重大现实问题过程中赢得比较优势的问题。马克思主义的时代特色最为突出的表现就在于它要不断地直面非马克思主义思潮挑战以及处理重大现实问题，以及在此过程中不断地形成应对挑战与处理问题的新思想与新方法。马克思主义当代研究的总问题依然是以历史性检视资本主义发展为对象，以高度关注新全球化时代社会经济、政治、文化关系与结构的变动为立足点，构建符合社会历史发展规律的、符合时代要求的社会主义道路、理论、制度与价值观。

任何一种社会思潮要想发展，都必须立足于时代需要，突破原有经典性问题而生发出符合时代性要求的新问题。马克思主义也不例外。它也必须突破原有经典问题，在现实的不断激化与强化中生发出新问题来。因为既定历史条件下产生的理论不能直接回答时空语境发生巨大变化了的现实问题。进而，不但需要关注理论分析对象的历史局限性，而且需要关注理论分析本身的历史局限性。如此，就必须搞清楚马克思、恩格斯是基于什么立场、运用什么方法分析时至今日人们依旧面临的现实问题。例如，人民的主体问题。过去，主体很明确，就是工人阶级、农民阶级、知识分子，资本家、地主、富农等肯定不是主体；现在呢？资本家、民营企业家、个体户、商

---

[1] 马克思、恩格斯：《马克思恩格斯全集》（第3卷），人民出版社1960年版，第544页。

人、外资企业工作的经理层、自由职业者等都成为社会主义建设者了，他们算不算是人民的主体呢？

马克思主义创新的一个十分重要的着眼点就在于思考并回答经典作家曾天才般提出、但他们并未真正见证过的问题。例如资本主义统治从地方性、有形化转变为全球性、无形化的新现实，从物质货币关系转向到精神文化结构的新现象。因而，人们要在更深层次的现代性异化中找到扬弃异化的新路径。

正是基于以上原因，用马克思主义来"化中"，绝对不能非常简单地把马克思主义中国化说成在中国应用或践行马克思主义，而应该理解为对马克思主义进行创造性转化和创新性发展。

二、马克思主义核心价值观在中国的出场

任何理论都是历史的产物，其应用也必须以当时的历史与空间为条件，即任何理论都有自己的出场语境。马克思主义也不例外。正如马克思所说："每一个时代的理论思维，包括我们这个时代的理论思维，都是一种历史的产物，它在不同的时代具有完全不同的形式，同时具有完全不同的内容。"[①]这就是说，马克思主义核心价值观的中国化，意味着马克思主义核心价值观在中国的出场将面临着出场语境与出场路径的转换，并呈现出差异性的理论形态。一切旧形而上学都曾幻想着把"时代思想"变成"永恒在场"的"终极真理"。而马克思主义认为，只有"不断出场"才能"永恒在场"。因为任何理论与学说既面临着"时代间距"，即"当年"与"当代"的时代差异，也面临着"空间间距"，即"故土"与"本土"的场位差异，更面临着"价值间距"，即"边缘"与"中心"的抉择差异。因此，马克思主义核心价值观中国化必须基于"中国视域"，聚焦"中国问题"。

出场形态是指出场语境与出场路径的理论形态。由于时代主题的转变，各国国情的差异，各种思想潮流之间的相互影响与借鉴，

---

① 马克思、恩格斯：《马克思恩格斯文集》（第9卷），人民出版社2009年版，第436页。

马克思主义政党地位的变化,马克思主义在世界各国出场语境是不断发生变化的,在此过程中形成了不同的理论形态。如此,马克思主义核心价值观在中国的出场,产生了中国化的马克思主义核心价值观,即中国特色社会主义核心价值观。

在这个包括文化与价值观念在内的社会意识形态出现前所未有的多元、多样、多变的时代中,培育中国化的马克思主义核心价值观,需要以时代视域总结经典作家的理论遗产,在重新理解中激活经典作家的思想资源。为此,只有"回到马克思",才能打开经典作家的思想资源包,进而才能返本开新地"接着讲"。正如前文所提到的,"实现每个人的全面而自由的发展"是马克思主义核心价值观,而这一核心价值观又总是与社会主义道路、理论、制度的探索结合在一起的。从马克思、恩格斯到列宁、斯大林,再到中国的马克思主义者,这一传统从未间断,而且在社会主义实践中得到传承和创新。

根据经典作家的理论设想,社会主义将首先在生产力高度发达的西方国家率先诞生,结果"历史走的是奇怪的道路:一个落后的国家竟有幸走在伟大的世界运动的前列"①。如此,马克思主义核心价值观问题便成为后续马克思主义者都无可规避、不能绕开、必须直面、势必解答的问题。如果说经典作家致力于使马克思主义核心价值观的理论科学化,那么后来的马克思主义继承者必定是致力于使之现实化。

自马克思主义传入中国以来,中国的马克思主义者冲破重重迷雾,始终围绕"什么是社会主义"这一最高命题对社会主义基本价值观与核心价值观进行积极的理论认知和实践探索,不断深化对社会主义核心价值观的认识,并使之越来越清晰化、越来越科学化。具体来说,就是在此历史进程中,形成了中国化的马克思主义者的社会主义价值观。

田海舰认为自由、平等、富强、人的全面发展等构成了毛泽东社会主义核心价值观的基本内核;共同富裕、民主法制、精神文明、人的全面发展构成了邓小平社会主义核心价值观的基本点;代表中

---

① 列宁:《列宁全集》(第35卷),人民出版社2017年版,第345页。

国先进生产力的发展要求、代表中国先进文化的前进方向、代表中国最广大人民的根本利益,是江泽民社会主义核心价值观的本质要求和根本体现;"以人为本"的价值原则、全面协调可持续发展的价值自觉是胡锦涛社会主义核心价值观的基本内涵。①

方爱东认为毛泽东社会主义价值观的核心思想包括全心全意为人民服务的价值取向,消灭剥削、共同富裕价值目标,社会平等的价值理念,人的全面发展的思想;社会主义优于资本主义的信念、以人民群众为主体的价值取向、实现人民共同富裕的价值理想、人的全面发展构成了邓小平社会主义价值观的基本点;代表中国先进生产力的发展要求、代表中国先进文化的前进方向、代表中国最广大人民的根本利益,是江泽民社会主义核心价值观的本质要求和根本体现;以人为本的价值取向、全面协调可持续发展的价值自觉是胡锦涛社会主义核心价值观的基本点。②

周蓉辉认为毛泽东社会主义核心价值观的基本内涵主要包括为人民服务的价值取向、平等的价值思想、共同富裕的价值目标、人的全面发展的理念;以人民群众为主体的价值取向、社会主义优越性的价值信念、共同富裕的价值理想、人的全面发展思想是邓小平社会主义核心价值观的基本内涵;人民利益至上的价值取向、注重社会主义道德建设的价值理想、推进人的全面发展的价值思想、建设社会主义物质文明的价值目标是江泽民社会主义核心价值观的基本内涵;"以人为本""全面发展"和"社会和谐"构成了胡锦涛中国特色社会主义核心价值观的基本内涵。③

徐腾认为毛泽东社会主义价值思想的主要内容包括社会主义的价值主体(人民群众)、社会主义的价值目标(消灭剥削,消灭阶级,实现社会平等,消除社会分工和阶层分化,最终实现人的全面自由发展)、社会主义的价值尺度(生产力标准与群众利益标准)、社会

---

① 田海舰:《社会主义核心价值观研究》,中共中央党校博士学位论文,2008年,第62-86页。
② 方爱东:《社会主义核心价值观的发展历程及其当代建构》,安徽大学博士学位论文,2010年,第78-112页。
③ 周蓉辉:《中国特色社会主义核心价值观研究》,中共中央党校博士学位论文,2011年,第56-79页。

主义价值的实现路径（群众运动和群众实践）；邓小平社会主义价值思想的主要内容包括社会主义的价值主体（人民群众）、社会主义的价值目标（共同富裕）、社会主义的价值尺度（"三个有利于"）、社会主义的价值手段（市场经济）、社会主义的价值精髓（解放思想，实事求是）；"三个代表"重要思想揭示了社会主义的价值取向、"三个文明"建设确立了社会主义的价值目标、"促进人的全面发展"彰显了社会主义的核心价值理念、"立党为公、执政为民"表明了社会主义的价值主体；以人为本的价值取向、和谐社会的价值目标、全面协调可持续发展的价值路径、"四位一体"的价值观念体系构成了胡锦涛中国特色社会主义核心价值观的基本内涵。①

孙杰认为独立、统一、平等以及富强等构成了毛泽东社会主义核心价值观的基本内核；民主法制、"三个有利于"标准、爱国主义与共同富裕等构成了邓小平社会主义核心价值观的基本内容；推进人的全面发展的价值目标、"三个代表"重要思想的价值要求、进行不断创新的价值理念、全面建设小康社会的价值内涵是江泽民社会主义核心价值观的主要内容；胡锦涛的社会主义核心价值观表现为公平正义的价值意蕴、以人为本的价值目标、全面协调可持续发展的价值诉求以及求真务实的价值理念。②

但是从整个历史进程来看，无论是处在革命时期还是处在建设时期，也不管是处在改革开放之前还是改革开放之后，无论是政治界还是学术界，无论是实践工作者还是理论工作者，都很少对中国化马克思主义核心价值观的基本内容做出明确的回答。近些年，由于需要澄明中国特色社会主义价值本质、需要重塑民众科学的价值观、需要应对复杂的意识形态挑战，中国共产党承应呼声，顺势而为，旗帜鲜明地把"富强、民主、文明、和谐，自由、平等、公正、法治，爱国、敬业、诚信、友善"作为社会主义核心价值观的基本内容。尽管采用"倡导"这种开放式的表述，但从党的文献来看，

---

① 徐腾：《中国特色社会主义核心价值观研究》，扬州大学博士学位论文，2013年，第62-110页。
② 孙杰：《当代中国社会主义核心价值观研究》，中共中央党校博士学位论文，2014年，第46-62页。

这是首次阐明社会主义核心价值观是什么的问题。

从"每个人的全面而自由的发展"到中国特色社会主义核心价值观，实现了马克思主义核心价值观出场形态的中国化转换。但是我们需要说明的是，中国化形态与原初形态既是同一的，又是有差异的。中国化形态与原初形态的同一性表现在两个方面：一是本质同一性，即都是马克思主义的；二是"在场"同一性，即都维系持续、稳定的存在状态。中国化形态与原初形态的差异性则表现在三个方面：一是历史维度上呈现出的"当年"与"当代"；二是空间维度上呈现的"故土"与"本土"；三是价值维度上呈现的"中心"与"边缘"。在这里，同一是"在场"的本质，差异是"出场"的本质，二者不仅相互区别，而且相互循环——出场、在场、再出场、又在场……只有"不断出场"才能"永恒在场"，换言之，不断否定现存在场，就是召唤新的出场。就"每个人的全面而自由的发展"和中国特色社会主义核心价值观的具体关系来看，中国特色社会主义核心价值观即为"每个人的全面而自由的发展"这一核心价值观的具体化、时代化。因为实现"每个人的全面而自由的发展"，主要包括以下基本要素：个体与群体、类的发展的统一，人的发展与生产关系、社会关系发展的有机统一，人的发展与自然、社会关系发展的统一。而中国特色社会主义核心价值观正是这"三个统一"的具体化，是中国式的表达。换言之，"马克思的人的自由全面发展理论，亦即以人为本的价值观，是社会主义这一新的社会形态的核心价值取向，是消除物役、消除人役，实现人的彻底解放、人的真正自由的根本途径，也是把社会、公民凝聚在社会主义这面旗帜下的精神力量和精神纽带，这正是社会主义核心价值所在"[①]，我们正在培育和践行的中国特色社会主义核心价值观就是围绕这一核心逐次展开的。

而推动形态转换的主要原因有两点：一是历史语境与实践主题的转换。马克思主义传入中国，即面对20世纪的中国如何实现国家独立与人民解放、国家富强与人民富裕的问题，什么是社会主义、

---

① 高国希：《马克思人的自由全面发展理论与社会主义核心价值观》，《中州学刊》，2007（6）：139。

怎样建设社会主义的问题,实现什么样的发展、怎样发展的问题。历史语境的转换,实践主题的转换,出场路径的转换,产生了中国化的马克思主义核心价值观——中国特色社会主义核心价值观。二是文化语境的空间转换。马克思主义核心价值观中国化的过程不仅是对中国价值实践经验的总结与概括,更是对中国优秀传统文化的创造性转化与创新性发展。传统的民族价值观念与马克思主义价值观的交流与对话,成为中国特色社会主义核心价值观这一独特出场形态的重要语境。

20世纪以来的中国,构成了马克思主义在中国出场的新语境。与马克思主义在19世纪中叶西欧原初出场语境不同,20世纪的中国,在上半叶,仍处于一个半殖民地半封建社会,遭受外国列强的侵略和旧全球化时代资本入侵,故而争取实现民族独立、人民解放是马克思主义在当时中国出场的主要历史语境。从下半叶起,中国实现民族独立、人民解放,可以自主地发展,虽不再依附西方或俄国,但仍需要引进西方的科技、资本、先进文化等,国内的政治、经济、文化、社会、生态文明都亟待建设与改革,因此,谋求国家富强、人民富裕是马克思主义在这一时期中国出场的历史语境。目前,我国仍处于这一历史语境中,并积极努力地为创建人类解放语境奠定基础。具体来说情况如下:

从1840年以来,直到1911年的辛亥革命,是中国传统社会价值体系栋折榱崩的历史时期。因为中国传统社会价值观——以儒家思想和道德为主体的社会价值观——是建立在传统农业文明基础上的,已经不能适应以工业文明为基础的社会发展需要。所以,从1840年开始,这个中国固守的社会价值观处于被动崩塌之中。一开始部分人还认为中华传统文明是优越的,中国是礼仪之邦,其他的都是蛮夷之邦、化外之民,和中国没法比。但是,随着一系列战争的失败,中国的政治精英、文化精英们,对中国传统社会价值观产生了很大的怀疑。所以,"中体西用"这个提法在最后被大家所抛弃,尤其是1894年的中日甲午战争和1905年的日俄战争,对中国人的刺激很大。中日甲午战争使中国面临着亡国灭种的危险,中华民族的危机迫在眉睫。日俄战争让中国人看到了一个通过学习西方由弱变强的日本。所以1905年之后,中国的知识分子,包括清政府派出去的也好,自己求学的也好,纷纷学习西方的东西,认为中国传统的东西不行了。因此,总体上,此时资本主义思想和价值体系取代了传统的儒家思想和价值体系,成为社会的主流。

从1911年的辛亥革命到1949年中华人民共和国成立,这一历史时期既是中国试图建立一个以西方思想为主体的社会价值观而不断失败的历史时期,也是以马克思主义为理论基础的新民主主义体系不断成长并最终确立主流地位的历史时期。在这近40年的时间中,从辛亥革命到二次革命,从护国战争到护法战争,再到国共合作的北伐战争,一次又一次地证明,学习西方不能有效地解决中国问题。最为突出的两点是:第一,西方的东西解决不了中国实现民族独立和人民解放的问题;第二,西方的东西解决不了中国实现国家富强和人民富裕的问题。也就是说,把西方的东西拿到中国来,却达不到预期的目标。在这种情况下,中国的先进知识分子包括孙中山又开始寻找资本主义政治、经济以及价值体系以外的新道路和新方法,于是,以1921年中国共产党的成立为标志,新的社会价值体系产生。这就是毛泽东所说的,"十月革命一声炮响,给中国送来了马克思列宁主义"①。由此,中国的先进知识分子开始了以马克思主义为方向的社会价值体系的重建,这个重建以毛泽东思想的形成为标志。

如果说1949年之前中国共产党创立的社会价值体系还只是在部分区域践行、没有成为当时社会的主流的话,那么,1949年以后,以马克思主义为理论根柢的社会价值体系,则依靠强大的政治力量、群众运动的方式以及计划经济体制保障,迅速在全国推行并确定下来。由此,中国的社会价值体系进入建立新的社会主义价值体系并试图完善的历史时期,一直持续到1978年中国共产党的十一届三中全会前。1978年以后,随着社会改革的推进、市场机制的引入、社会关系的变化,中国市场化、工业化的进程加快,社会价值体系建设进入新的历史时期,并在2007年重构出新的社会主义价值体系,

---

① 毛泽东:《毛泽东选集》(第4卷),人民出版社1991年版,第1471页。

即马克思主义指导思想、中国特色社会主义共同理想、以爱国主义为核心的民族精神和以改革创新为核心的时代精神、社会主义荣辱观。基于新的社会主义价值体系，中国共产党于2012年在十八大报告中提出了中国特色社会主义核心价值观。

  不过需要说明的是，从出场学视域来看，由于所处的历史语境不同，马克思主义中国化也就意味着马克思主义在中国要本土化、现时化以及中心化。本土化确立的是马克思主义民族化的空间范围，对马克思主义核心价值观中国化而言，即在"中国"这一场域中实现民族化，这一规范具有重要意义。因为马克思主义核心价值观只有立足于并对接中国实践、中国历史、中国文化，才能在中国发挥作用。本土化既包括观念层面上的本土化，也包括实践层面上的本土化。在观念层面，就是要与中国文化相对接；在实践层面，就是要与中国革命与建设相对接。"正确的理论必须结合具体情况并根据现存条件加以阐明和发挥"①。当然，本土化不是自闭的特殊化，而是开放的现实化。本土化的本质与旨归就是现实化，是为了解决中国实际问题，即实现国家独立与人民解放、国家富强与人民富裕。现时化确立的是马克思主义民族化的历史定位，对马克思主义核心价值观中国化而言，即马克思主义核心价值观在中国的出场必须立足时代语境、面对时代问题、依据时代条件、选择时代路径。这一定位的意义在于，只有立足于时代性，才能反映并解决现时的中国问题。只有反映并解决现时中国问题，才能对接中国实际并完成中国社会发展的历史任务。中心化确立的是马克思主义民族化的价值定位，对马克思主义核心价值观中国化而言，即马克思主义核心价值观在中国是居于指导思想地位的。这一定位的意义在于，把马克思主义核心价值观确立为主导价值观是历史的选择、人民的选择，遵循马克思主义，中国的革命、建设与改革就会取得成功；背离马克思主义，中国的革命、建设与改革就会遭遇失败。

---

① 马克思、恩格斯：《马克思恩格斯全集》（第27卷），人民出版社1972年版，第433页。

围绕时代实践和正在做的事展开思想对话，是任何科学的理论或学说得以出场的基本路径。

之所以以自己时代实践和正在做的事情为中心，是因为"改变世界"是马克思主义颠覆一切旧思潮的出场路径。如果说当年马克思"改变世界"旨在摧毁一个旧世界，那么当代中国的马克思主义者则旨在建设一个新世界。立足于"20世纪上半叶中国"这一历史语境，中国人当时的主要历史任务就是使一个具有"两半社会性质"的国度如何从"边缘"走向"中心"。显而易见，解决民族与人民的"生存"问题——实现民族独立和人民解放、国家富强与人民富裕——是当时我们正在做的事情。然而，随着这一历史时期的结束，和平与发展成为时代主题，中国现代化的任务转为国家与人民的"自由和谐发展"问题。因此，进行"五位一体"的社会建设成为当下我们正在做的事情。从中国式的革命到中国式的社会建设再到中国式的改革开放，不断创造出"中国经验"，经总结概括而创造出中国化的马克思主义。

之所以要对经典文本进行重新理解，是因为当代读者与当年文本存在着巨大的"历史间距"。只有超越"历史间距"的视域融通，当代读者方能心领神会当年文本，当年文本亦才能关照当代论题。马克思主义经典作家都生活在资本全球化的中心或次中心国家，这就使得他们思考问题时常常立足于"世界中心"的角度，并有"普遍真理"的潜意识。由于资本造就了东方（即外围国家）从属于西方（帝国中心）的格局，这也就使得"共产主义的幽灵"按照这一地理分布格局——"中心—边缘"以及分布路线——首先在资本全球化的中心（欧洲）徘徊，然后走向资本全球化的次中心（俄国），最后向边缘地区扩散和传播。因此，经典作家的"中心意识"与中国共产党人的"边缘意识"形成了互补结构：看问题、做事情不仅要关注"当年"，更要注重"当代"；不仅要考虑宏观的世界格局，也要考虑微观的自我生境。要从客观实现来确立自我生境与世界格局的辩证关系，而不是主观臆造某种为我关系。之所以要与各种时代思潮展开积极对话，是因为这些社会思潮不仅提出的问题具有时代性，而且它为解答问题提供的思路和方法也具有时代性，尽管它们难以成为时代精神之精华。马克思主义与其他各种思想理论的对话,就是基于时代底板、围绕时代问题而展开的时代精神之精华与时代精神之表征之间的对话。在对话之中磨砺思想之锋,在批判性汲取其他各种思想理论的优秀思想资源中生成马克思主的当代话语。如"自由、平等、公正、法治"这一社会价值取向,既在近代吸收了西方文化要素,亦有中国传统文化要素。①正是因为展开了对话,融会了中、西、马,马克思主义核心价值观在当代中国的理论形态才得以形成。

第三节 价值观自信的当代建构

社会主义核心价值观是基于"中国立场"与"中国视域",聚焦"中国问题"的特殊性而提出的,因此,"中国特色"成为社会主义核心价值观出场的历史语境。

一、社会主义核心价值观的中国特色

一个民族国家的核心价值观表征着该民族国家的理想追求与本质特征。马克思主义核心价值观的中国化出场,形成了以"富强、民主、文明、和谐,自由、平等、公正、法治,爱国、敬业、诚信、友善"为基本内容的社会主义核心价值观,它是中国特色社会主义社会的本质规定、应然追求的集中体现,是时代精神之精华,既与资本主义价值观相区别,又与其他形形色色的社会主义价值观相区别。

差异是绝对的,差异律是物质世界的基本规律。人的价值观念同一切事物一样都是在差异中生成的。价值观念的差异化生成,既源于自身场域,又源于自身进化状况。

从场域的视角来看,人的任何观念的生成与发展都深受自然环

---

① 张允熠:《社会主义核心价值观的中国文化要素》,《马克思主义研究》,2015(6):74-83。

境与社会环境的规约，场域的差异性影响着人类价值观念的差异化生成与发展。自然场域不仅影响着人类的生产方式与生活方式，还深深地影响着人类的思维方式，进而影响着人类观念的生成与发展。虽说"地理环境决定论"有失偏颇，但不能否认"物质决定意识"的观点。我们不能对自然场域对人类价值观念生发、形成的原初影响熟视无睹，更不能将其抹杀。按照历史唯物主义的观点，对人类价值观念生成、发展起决定性作用的不是自然场域，而是社会场域环境。"不是意识决定生活，而是生活决定意识。"①"思想、观念、意识的生产最初是直接与人们的物质活动，与人们的物质交往，与现实生活的语言交织在一起的。人们的想象、思维、精神交往在这里还是人们物质行动的直接产物。"②因此，人的价值观念不是独立性的形式，而是进行交往实践的人们在改造客观世界的同时改造主观世界的产物。人类价值观念的产生和内容都取决于人的物质性生产或物质性交往关系。总之，自然场域与社会场域作为价值观念差异发展的两大生成元，其影响既是原初的，也是根源性的。

从进化状况的视角来看，价值观念如同其他事物一样存在着"理一分殊"的规律，正是"分殊"——价值观念系统的变异和价值观念的螺旋式发展——才生成今天纷繁的意义世界。"事物本身的理性在这里应当作为一种自身矛盾的东西展开，并且在自身求得自己的统一"③，价值观念系统也同其他事物一样是自己运动自己、自己发展自己的。在这个自组织运动过程中，在自然场域与社会场域综合作用下，特别是经济形态发展、政治权力干预、文化形态演化的作用下，以及价值观念间的矛盾冲突与融合，人类价值观念发展呈现出经过自我辩证否定而螺旋式发展的过程。

在场域与自身进化的共同作用下，人类价值观念差异化生成与发展。但就人类价值观念史的整体性而言，在历史尚未进入世界历

---

① 马克思、恩格斯：《马克思恩格斯文集》（第1卷），人民出版社2009年版，第525页。
② 马克思、恩格斯：《马克思恩格斯文集》（第1卷），人民出版社2009年版，第524页。
③ 马克思、恩格斯：《马克思恩格斯全集》（第40卷），人民出版社1982年版，第11页。

史之前，人类都是以一种分离的状态——自觉的群体而又自发的类的形式——栖居于地球，在这种分离状态下形成了各民族、各国家彼此存在差异而又自成体系的价值观念。因此，对于前世界历史时期的价值观而言，不存在任何"特色"问题。进入世界历史时期，人由自发的人类性发展为自觉的人类性，人类的聚合性明显增强，与此相应，人类对一些基本价值理念和价值原则有了某些"共识"，这些"共识性"的价值理念和价值原则构成了作为类整体的人的价值观的基本内容。正是在这个意义上讲，世界历史时期的价值观念正在呈现出某种趋同性。尽管价值观念的生成与发展是差异化的，且差异性是绝对的，但我们不能否认这种趋同性，只要类整体的人依然存在着。"共识性"价值观念的客观存在表明，现代价值观念之特色，已不是原初意义上的性质差异化，而是人类共识性价值观念的差异化形态。这种人类共识性价值观念的差异化形态，体现到具体民族国家，就构成了今天我们所理解的该民族国家的"特色"价值观。

需要说明的是：（1）这里所说的"特色"，是指同一事物或现象在不同境遇中的差异化表征，因而我们所说的"特色价值观"，也就是指价值观在不同民族国家中的差异化表征。在这个意义上，价值观的"特色"是在人类共识性价值观形成之后，或者趋于形成时，最起码是差异化的价值观有了交互活动之后才产生的新事物，是人类的共识性价值观不断形成、民族国家价值观仍然多元化的必然结果。（2）具体到国家层面，价值观的"特色"大体上指向两个方面：一是"国家特色"，即指该国家所奉行的或者所倡导的价值观所具有的特色。这种特色是因受该国家以前所奉行的或者所倡导的价值观影响、制约而形成的。这种特色一般由国家政治调适机制所决定。二是"传统特色"，即指该国家传统价值观被历史化开掘与现代化整合而形成的特色。这种特色是因受该国家传统价值观影响、制约而形成的。这种特色一般由社会文化传承机制所决定。（3）经由外在的政治调适机制与内在的文化传承机制的综合作用，价值观也就或多或少地打下了"本国的""传统的"烙印，"特色"在有意间得以保留、在无意间得以遗存，较之其他国家便形成了"特色"。例如"社会主义核心价值观":倡导富强、民主、文明、和谐,倡导自由、平等、公正、法治,倡导爱国、敬业、诚信、友善;新加坡"共同价值观":国家至上、社会为先,家庭为根、社会为本,关怀扶助、尊重个人,求同存异、协商共识,种族和谐、宗教宽容①;美国核心价值观:责任、公平、尊重、诚实、宽容、勇敢②;等等。

社会主义核心价值观是人类共识性价值观念在社会主义中国的具体形态。因此,对"中国特色"的理解,成为准确理解社会主义核心价值观的理论与实践的逻辑起点。据以参照的维度有三:就空间场域而言,具有本土性维度;就历史方位而言,具有时代性维度;就主体抉择而言,具有差异性维度。这三个维度本质上就是关注社会主义核心价值观何以出场的三个角度。

第一,从本土性维度来理解。在人类进入世界历史之后,在资本逻辑的造就下,价值观念的差异化发展,逐渐形成了价值观的二元结构,而且是"使未开化和半开化的国家从属于文明的国家,使农民的民族从属于资产阶级的民族,使东方从属于西方"③。因此,一方面,人类共识性价值观和民族性价值观的矛盾关系内生于"中国特色"之中;另一方面,"中国特色"正是社会主义中国在价值实践上对人类共识性价值观和民族性价值观矛盾关系所作的历史性解答。因此,就空间场域而言,"中国特色"为社会主义核心价值观确立了一个空间范围,表征了场域规范,即"中国"的社会主义核心价值观。这就要求凝练、培育、践行社会主义核心价值观必须立足于中国实践、中国历史和中国文化的实际,必须与中国特色社会主义事业相对接。原因有三:(1)任何一个国家都有自己特殊的价值观念问题,人们不能教条式地直接用一般性价值理念或价值原则移植至本国用来解决特殊的价值观念问题,更不能经验性地照搬其他国家的价值理念或价值原则来解决本国的价值观念问题。这两种做

---

① 唐晓燕:《多元价值观视域下社会主义核心价值观建构初探——兼与新加坡共同价值观相比较》,《丽水学院学报》,2010(1):47。
② 范树成:《美国核心价值观教育探析》,《外国教育研究》,2008(7):24。
③ 马克思、恩格斯:《马克思恩格斯文集》(第2卷),人民出版社2009年版,第36页。

法都不可能科学解答人类共识性价值观和民族性价值观的矛盾关系问题。社会主义核心价值观以马克思主义为理论依据、以中国问题为实践基础，科学地解决了人类共识性价值观和民族性价值观矛盾关系问题。（2）按照历史唯物主义与唯物辩证法的观点，任何一般性的价值理念与价值原则都只能作为方法，作为"进一步研究的出发点和供这种研究使用的方法"①，并与本国的具体实际相结合，才能真正发挥改造世界的功能；任何值得借鉴、吸纳的"地方性"价值观念，也得取其精华、弃其糟粕。因为，从"核心价值观"与"中国特色社会主义事业"的关系维度来看，任何非马克思主义价值观都不能直接拿来"对接"并指导中国的社会主义建设。就"普世价值观"而言，其以抽象的普遍主义为基础，以"共相"遮蔽"殊相"，甚至成为"价值极权主义"或"文化霸权主义"；就其他形形色色的社会主义价值观来说，虽然强调了价值理念或价值原则之于社会主义的意义，但在价值目标上却有浓厚的空想色彩，由此成了"一种乌托邦的社会主义价值观"，几乎没有现实性。（3）在现实中，不存在相对于所有国家而言的普遍性价值观念问题，只存在与该国家经济社会活动以及物质交往关系直接联系的价值观念问题；异质性的经济社会活动以及物质交往关系产生异质性的价值观念。因此，培育并践行社会主义核心价值观应当与中国的经济社会发展的价值目标相契合，与中国文化的价值精神相契合，与中国人的价值心理相契合，这样才能增强其培育效果以及践行力度。

科学解答人类共识性价值观和民族性价值观的矛盾关系，不仅有人类共识性价值观民族化、本土化、具体化的问题，还有民族性价值观世界化的问题。如果说在世界走入中国的过程中，是一般性走向特殊性——人类共识性价值观念不断中国化的话，那么，在中国走向世界的过程中，就是特殊性走向一般性——社会主义核心价值观要观照世界问题。

第二，从时代性维度来理解。"每一个时代的理论思维，从而我

---

① 马克思、恩格斯：《马克思恩格斯文集》（第10卷），人民出版社2009年版，第691页。

们时代的理论思维,都是一种历史的产物,它在不同的时代具有完全不同的形式,同时具有完全不同的内容"①。因此,就历史方位而言,"中国特色"表征了时代规范,即社会主义核心价值观立足现时并指向未来。这一定位的意义在于,核心价值观只有立足社会实际、对接现时问题、反映时代特征,才能作为时代精神之精华,并指导解决社会现时价值观念问题。这就要求,凝练、培育、践行社会主义核心价值观必须结合时代尺度化解中国价值观念问题。原因有三:(1)社会主义核心价值观遭遇着前现代价值观念、现代价值观念、后现代价值观念在中国的共时性出场,是在不断选择又不断综合创新的过程中形成的。但是,立足于这一复杂时代而凝练、培育并践行的社会主义核心价值观又与上述任何时代尺度并不完全对应。这个"复杂时代"的复杂问题,需要科学的理论给予解答与回应。社会主义核心价值观立足于价值观领域出现的多元化、真空化、虚无化、倒置化、悬置化、错位化等问题,构建了认知方式,提供了行动导向。(2)正因为前现代价值观念、现代价值观念、后现代价值观念在中国共时性出场,传统价值观念仍遗存于社会生活之中,世界上各种社会思潮与价值观念也充斥于社会生活之中。但价值观念的多元与多变仅仅只是一种客观现实。"凡是现实的,都是合理的"。但现实的合理性是有其存在条件的,当存在条件发生变化了,原有的现实将失去存在的合理性,进而退化为一定要消亡的现存。因此,"中国道路"奋力追求的"中国价值观",应该是既有主导又有批判、既有继承又有发展,在应对各种非马克思主义价值观的冲击与挑战过程中,维护其"国之魂"的中心地位与主导作用,彰显价值观自信。(3)从核心价值观的在场反思来看,当问题与问题域发生根本转变之后,指引问题解答的价值观念也应该发生转向,这就需要社会主义核心价值观不断地"出场",这样才能保证其永恒地"在场"。马克思主义核心价值观念从自由资本主义社会到社会主义社会,从欧洲到中国,经历时空语境的转化;纵使在中国,也经历了革命、

---

① 马克思、恩格斯:《马克思恩格斯文集》(第9卷),人民出版社2009年版,第436页。

建设与改革等不同实践主题下的演进。当年围绕"建设一个什么样新世界、怎样建设一个新世界"而建构起来的核心价值观，因为历史间距不能完全指引解答"什么是社会主义、怎样建设社会主义"了；马克思、恩格斯结合对资本主义社会主导价值观的批判而建构起来的"人的全面而自由的发展"这一社会主义核心价值观，既因为历史间距，又因为空间间距，同样也不能完全指引解答"什么是社会主义、怎样建设社会主义"。社会主义核心价值观不仅仅是对当代中国特色社会主义做出的价值实践要求，还要辐射世界。

第三，从差异性维度来看。每个民族国家、每个公民个体的价值观念在经济、政治、文化、社会等领域中的表达都是有差异的。差异的主体有不一样的价值想象。就主体抉择而言，"中国特色"表征了价值抉择规范，即社会主义核心价值观是在反思与总结、批判与继承中寻求对资本主义核心价值观、其他社会主义核心价值观以及中国传统价值观的超越。①这就要求，凝练、培育、践行社会主义核心价值观必须深度揭示差异性社会在价值观念上的根本规度。原因有三：（1）社会主义核心价值观有三大思想资源，一是马克思主义，二是全球性价值思想，三是中国传统价值观。既要清楚地认识到"魂""体""用"之关系，又要从进得去与出得来的视角清楚地认识到三大思想资源之间存在着"变革"与"融合"的关系，而不是彼此"消解"。（2）社会主义核心价值观既要观照中国，又要关注世界。既然社会主义核心价值观是人类共识性价值观念在社会主义中国的具体形态，那么既观照中国又关注世界自然是题中之意。人作为类整体的存在及人类的普遍交往实践，内生着人类共识性价值观念，这是不可否定的客观存在，否定这种客观存在的做法是不明智的。但是，人的群体性存在又决定着人类共识性价值观念有一个从一般向特殊转化的问题，具体到民族国家，就形成该民族国家的价值观念。虽说那种认为民族性价值观念不会也不可能向人类共识性价值观念继续发展的观点是有缺陷的，但那种完全用人类共识性

---

① 黄福寿：《在反思和总结、比较和借鉴中寻求超越》，《当代世界与社会主义》，2013（4）：121。

价值观念来否定民族性价值观念、用"共相"否定"殊相"的观点，则是对人的群体性存在的置若罔闻。因此，科学的观点是，既不否认人类共识性价值观念的存在，又看到人类共识性价值观念的"理一分殊"；既要为达成更多的价值共识不断奋斗，也要维护"国之魂"的中心地位与主导作用。（3）如今，在对话与借鉴方式上，人们已经从反对"全面肯定的文化保守主义"和"全面否定的历史虚无主义"走向"取其精华，去其糟粕"的现实主义了。然而，古今中外的价值观念不能被简单地认为是已经瓜熟蒂落的东西，而应当看成一个复杂且鲜活的生命体，人们需要用一种辩证的思维去体认、理解"取其精华，去其糟粕"。凡是把"精华"与"糟粕"作实体性存在——价值观本身固有的性质——去理解的，就是把"存在"等同"意义"。正确的认识应当是，把"精华"与"糟粕"作价值性存在——价值观念在现实条件下的价值与意义——去理解。人们应当以人和社会的发展这一现实的具体条件和对象为判定标准，去判定古今中外价值观念的"精华"与"糟粕"。需要说明的是，"取其精华，去其糟粕"必须符合历史发展规律，而不能局限在某种立场上；如果把特定的社会限定的特殊形式等同于价值观的一般性历史内容，那么拒斥一种价值观也就可能拒绝一种善，保护一种价值观也就可能迁就一种恶。

实践是人的存在方式，是人的本质力量在一定时间和空间范围内的外化，因此，"中国特色"所表征的场域规范、时代规范与价值抉择规范统一于培育和践行社会主义核心价值观的实践中。

社会主义核心价值观之"中国特色"，主要表现在如下几个方面。

大德——"富强、民主、文明、和谐"，充分体现了中国特色的"国之旋律"。（1）富强，在中国特色社会主义语境中，有三层含义：一是经济的规定性概念，即以生产力的高度发达为基础的物质财富极大丰富；二是政治的规定性概念，即中国共产党实现国家富强、人民富裕的重大历史任务；三是全民性的价值共识，即体现社会主义本质的共同富裕。（2）民主，在中国特色社会主义语境中，就是实现党的领导、人民当家作主、依法治国的有机统一。中国共产党十八大报告已经描述了"三统一"式民主的基本形态："支持和保证人民通过人民代表大会行使国家权力、健全社会主义协商民主制度、完善基层民主制度、全面推进依法治国、深化行政体制改革、建立健全权力运行制约和监督体系、巩固和发展最广泛的爱国统一战线。"①与"竞争—票决式民主"相比较，这是中国共产党人对民主制度建设的创新。（3）文明，其结构形态总与社会领域相对应，有什么样的经济关系、政治关系、文化关系、社会关系、人与自然关系，就有什么样的文明结构形态。在中国特色社会主义语境中，物质文明旨在实现共同富裕，精神文明旨在培育"四有"公民、提高中华民族的思想道德素质和科学文化素质，政治文明旨在确保人民当家作主，社会文明旨在保障和改善民生，生态文明旨在实现"两型社会"。五种结构形态不彼此忽视、不彼此排斥、不彼此牺牲，摆脱了那种残缺的、片面的性质。（4）和谐，是中国特色社会主义的本质属性。与历史上的"和谐社会"不同，社会主义和谐社会"是在中国特色社会主义道路上，中国共产党领导全体人民共同建设、共同享有的和谐社会"②，是"从中国特色社会主义事业总体布局和全面建设小康社会全局出发的重大战略任务，反映了建设富强民主文明和谐的社会主义现代化国家的内在要求，体现了全党全国各族人民的共同愿望"③。"富强、民主、文明、和谐"四大德目，统一于中国特色社会主义伟大实践之中。

公德——"自由、平等、公正、法治"，充分体现了中国特色的"众之航标"。（1）自由，在中国特色社会主义语境下，有四层含义：一是就民族国家而言，意为国家独立、民族自主；二是就公民个体而言，意为翻身解放、个性发展；三是就人与社会关系而言，意为享有法律规范之权利与遵守法律规范之义务；四是就人与自然关系而言，意为人的生存发展之能力。（2）平等，在中国特色社会主义语境中，有三层含义：一是作为政治性范畴，即为宪法所确认的公

---

① 毕京京等：《实现中华民族伟大复兴的政治宣言》，人民出版社 2012 年版，第 259 页。
② 中共中央委员会：《中共中央关于构建社会主义和谐社会若干重大问题的决定》，人民出版社 2006 年版，第 5 页。
③ 中共中央委员会：《中共中央关于构建社会主义和谐社会若干重大问题的决定》，人民出版社 2006 年版，第 1 页。

民基本权利之平等；二是经济性范畴，即"按劳分配"与"按需分配"相统一的平等；三是作为价值性范畴，即体现社会主义本质的"消灭剥削，消除两极分化"。（3）公正，在中国特色社会主义语境中，有三层含义：一是"我们都作为人"而具有的对等性；二是"因个体差异"而具有的对等性；三是凸显"我们都作为人而具有的对等性"。所以，在社会主义本质方面强调"两消一实现"，在国民经济建设方面强调又好又快发展；在个体发展方面强调"让人民共同享有人生出彩的机会，共同享有梦想成真的机会，共同享有同祖国和时代一起成长与进步的机会"①。（4）法治，在中国特色社会主义语境中，就是中国共产党十八届四中全会所描绘的：坚持党的领导、人民当家作主、依法治国有机统一，坚持依法治国与以德治国的有机统一，坚持依法治国与依法执政的有机统一，坚持汲取中华法律文化精华与借鉴国外法治有益经验相统一。②"自由、平等、公正、法治"四大德目好比中国特色社会主义这棵树茁壮成长需要的土壤、空气、阳光与水分。它们之间共同作用，激发中国特色社会主义社会发展的内生动力与社会活力。

私德——"爱国、诚信、敬业、友善"，充分体现了中国特色的"己之操守"。（1）爱国，在中国特色社会主义语境中，有三层含义：一是致力于反侵略、反压迫、反演变的斗争，如新民主主义革命时期推翻"三座大山"的斗争；二是热爱社会主义中国；三是拥护祖国完全统一。（2）诚信，是公民道德建设的重点，在中国特色社会主义语境中，突出的是"实事求是"的态度，表现为在政务上取信于民，在商务上义利统一，在社会交往上朋友有信，在司法上理权同一。（3）敬业，是对公民职业行为准则的价值评价和伦理要求。在中国特色社会主义语境中，既强调对本职工作的热爱、敬重，又注重将对本职工作的热爱、敬重升华为对生活、集体和国家的热爱。这种价值观由两个关联点支撑：一是全心全意为人民服务，二是尽

---

① 习近平：《在第十二届全国人民代表大会第一次会议上的讲话》，人民出版社2013年版，第5页。
② 中共中央委员会：《中共中央关于全面推进依法治国若干重大问题的决定》，人民出版社2014年版，第3页。

职尽责做本职工作。全心全意为人民服务,表现在尽职尽责做好本职工作上;尽职尽责做好本职工作,又体现在全心全意为人民服务上。这种着眼于人民利益的精神与行动,正是"中国特色"敬业价值观的新要求。(4)友善,包含善待亲友、他人、社会、自然等,既是中华民族的传统美德之一,又是最具基础性和普适性的价值观。在中国特色社会主义语境中,这种价值观既弘扬中国传统友善观中推己及人、推人及物的原则,又对接现代合理利己主义原则。"爱国、诚信、敬业、友善"四大德目,涵盖了公民道德行为的各个环节,必须"高势位"①地张显之。

作为"国之魂"的社会主义核心价值观,其"大德、公德、私德"三个层次不是彼此分离、相互排斥的,而是密切联系、相互统一的。国之"大德"是众之"公德"与己之"私德"的向导;众之"公德"既上承国之"大德",又下接己之"私德";己之"私德"把国之"大德"、众之"公德"与人们日常生活紧密联系起来,"把社会主义核心价值观日常化、具体化、形象化、生活化,使每个人都能感知它、领悟它,内化为精神追求,外化为实际行动"②。

综上所述,社会主义核心价值观作为类性价值观念在社会主义中国的具体化,具有鲜明的"中国特色"。但必须清醒地意识到,社会主义核心价值观不是类性价值观的"殊相"。任何注重特色而忽视类性价值观念、反对价值观念的现代化转换的观点与做法,都不利于、也不能够促进思想解放。

二、中国共产党价值观自信探赜

虽说社会主义核心价值观在当下才凝练为社会性的、共识性的核心价值观,且处于积极培育阶段,但中国共产党人对坚定社会主义核心价值观,从建党初始起,一直都是信心满满的,即对自己倡

---

① 陈秉公:《论社会主义核心价值观"高势位"培育和践行的规律性》,《思想理论教育》,2014(2):4。
② 中共中央文献研究室:《习近平关于全面建成小康社会论述摘编》,中央文献出版社2016年版,第116页。

导或秉持的核心价值观始终持积极肯定的态度和看法。正如习近平同志所说:"当今世界,要说哪个政党、哪个国家、哪个民族能够自信的话,那中国共产党、中华人民共和国、中华民族是最有理由自信的。"①

正是由于中国共产党人对核心价值理念始终持积极肯定的态度和看法,中国共产党才取得了革命胜利和建设成就;正是由于中国共产党人始终保持民族精神的独立性,中国共产党才能领导人民实现中华民族伟大复兴;正是由于中国共产党人坚定不移地排除西方"普世价值观"的干扰,人们才坚定了走中国特色社会主义道路。可以说,没有中国共产党人的价值观自信,也就没有中国梦的最终实现。

中国特色社会主义核心价值观虽是在当下才凝练为社会性的、共识性的核心价值观,但中国共产党对其根本内容以及内容的社会主义性质的认识,在不同的历史时期都是始终如一的。

在新民主主义革命时期,中国共产党人对社会主义核心价值观的认同,是融入"建立一个独立、自由、民主、统一和富强的新中国"②这一价值实践主题当中的。为什么这样讲?这是因为"社会主义"作为新民主主义革命的目标,其价值理念与价值追求是融入新民主主义革命全过程、全方位的。在这个意义上讲,社会主义核心价值观必然是新民主主义革命时期中国共产党高度认同的价值观。中华人民共和国成立之后,中国共产党开始了从新民主主义革命向社会主义建设的伟大历史转变。中国共产党人把对社会主义核心价值观的认同,融入"跳出'历史周期率'"这一价值实践主题当中。这是因为中国共产党由最初十余人组成的革命党带领人民群众进行社会革命,取得抗日战争和解放战争的胜利,成为执掌新中国政权的执政党。但"一部历史,'政怠宦成'的也有,'人亡政息'的也有,'求荣取辱'的也有。总之没有能跳出这周期率"③。中国共产党人清醒地意识到在建设社会主义的实践中,必须以科学的社会主

---

① 习近平:《在庆祝中国共产党成立95周年大会上的讲话》,人民出版社2016年版,第12页。
② 毛泽东:《毛泽东文集》(第3卷),人民出版社1996年版,第431页。
③ 黄炎培:《八十年来》,文史资料出版社1982年版,第149页。

义核心价值观来规约解决中国现实问题的行为，方能跳出这个周期率。改革开放以来，中国共产党人又把对社会主义核心价值观的认同，融入"建设中国特色社会主义社会"这一价值实践主题当中。这是因为这一时期，中国共产党开辟并形成了中国特色社会主义道路。"中国价值"是"中国道路"的灵魂。

对照具体内容来看，中国共产党人对社会主义核心价值观的认同情况是：

建设"富强"中国，在不同的历史时期都写入党的政治报告或党章中。在新民主主义革命时期召开的中国共产党七大，其政治报告就提出"建立一个独立、自由、民主、统一和富强的新中国"①；社会主义建设时期，中国共产党八大通过的《党章》就提出"把中国建设成为一个伟大的、富强的、先进的社会主义国家"②；改革开放时期，中国共产党十二大通过的《党章》就提出"促进社会主义祖国日益繁荣富强"③；中国共产党的十三大至十六大的政治报告中提出"建设富强、民主、文明的社会主义现代化国家"④；中国共产党的十七大、十八大政治报告进一步提出"建设富强、民主、文明、和谐（美丽）的社会主义现代化国家"⑤。

中国共产党始终以实现和发展人民民主为己任。在革命战争实践中，中国共产党人先后提出了"工农民主""人民民主""新民主主义"等范畴。中华人民共和国成立标志着新民主主义革命的胜利，

---

① 毛泽东：《毛泽东文集》（第 3 卷），人民出版社 1996 年版，第 431 页。
② 中共中央文献研究室：《建国以来重要文献选编》（第 9 册），中央文献出版社 1994 年版，第 320 页。
③ 中共中央文献研究室：《十二大以来重要文献选编》（上），人民出版社 1986 年版，第 68 页。
④ 具体参见中共中央文献研究室：《十三大以来重要文献选编》（中），人民出版社 1991 年版，第 1216 页；中共中央文献研究室：《十四大以来重要文献选编》（中），人民出版社 1997 年版，第 1121 页；中共中央文献研究室：《十五大以来重要文献选编》（下），人民出版社 2003 年版，第 2384 页；中共中央文献研究室：《十六大以来重要文献选编》（上），中央文献出版社 2005 年版，第 145 页。
⑤ 具体参见中共中央文献研究室：《十七大以来重要文献选编》（上），中央文献出版社 2009 年版，第 809 页；胡锦涛：《在中国共产党第十八次全国代表大会上的报告》，人民出版社 2012 年版，第 16 页。

从此中国人民真正当家作主。中华人民共和国成立之后，特别是改革开放之后，通过渐近改进、内生演化逐渐建立起了中国特色体系性的民主政治制度框架，这就是：坚持人民民主专政的国体；坚持党的领导、人民当家作主、依法治国有机统一；坚持"四项基本政治制度"①。

实现文明历来都是中国共产党执政的价值目标之一。在建设中国特色社会主义过程中，由起初主抓物质文明到物质文明、精神文明"两手抓"，经物质文明、政治文明和精神文明"三位一体"演进为物质文明、政治文明、精神文明和生态文明"四位一体"的基本格局。这是一个由片面走向全面、从浅表走向深入的过程。

和谐是社会主义本质属性的价值体现。新民主主义革命是立足于民族矛盾与阶级矛盾，紧紧围绕实现社会主义这一美好和谐社会而展开的，因此，在武装斗争形式上、统一战线策略上、革命实践路径上都力求和谐。中华人民共和国成立后，百废待兴，国内建设立足于社会主义社会基本矛盾与人民内部矛盾，稳定人民政权、恢复国民经济、发展社会主义文化，尽管其中出现了曲折，但总体上为实现和谐社会作出了努力、奠定了基础。改革开放以来，中国共产党在处理人与自然关系、国际关系、两岸关系、国内矛盾时，始终把和谐作为价值基石，力求实现社会和谐、世界和平、两岸和解。

自由是马克思主义的根本价值追求，中国共产党人从不回避对自由的倡导与追求。于国家与民族而言，中国共产党人要实现独立自主、平等交往，而不是遭受侵略与压迫；于人民而言，中国共产党人要带领人民通过对自然规律与社会规律的把握以及对世界的改造而实现全面自由发展；于中国共产党自身，就是既要做自由的促进派，又要杜绝出现自由主义倾向。

平等是人类社会的至上美德，中国共产党始终高举着人类社会平等的大旗。从其诞生之日起，就把实现社会平等作为一项政治主张和奋斗目标鲜明地提了出来。新民主主义革命的胜利，实现了民

---

① 坚持"四项基本政治制度"，即坚持人民代表大会制度、中国共产党领导的多党合作和政治协商制度、民族区域自治制度以及基层群众自治制度。

族独立和人民解放，为在国家范围内实现社会平等确立了基本的制度设计；中华人民共和国成立后，中国共产党领导人民进行社会主义革命、建设，不断增强综合国力和提高人民的生活水平，在促进社会平等方面取得了巨大成就；改革开放以来，中国共产党把促进社会公平正义、增进人民福祉、实现全民小康作为一切工作的出发点与落脚点，开拓了在社会主义初级阶段实现社会平等的新境界。

公正是衡量社会文明与进步的重要标尺，中国共产党不论是在革命时期还是在改革时期，始终以建立和完善社会主义制度为根本追求，以起点公正（包括制度公正、权利公正和机会公正）、过程公正（包括规则公正和程度公正）、结果公正为基本内容，根据不同时期社会公正的具体目标，采取相应的实现手段，以实现最广大人民的根本利益。

中国共产党基于对治国安邦历史经验和现实需要的理性反思与深刻总结，坚定不移地既把法治作为社会主义本质的价值要求，又把法治作为社会主义市场经济的法权要求，还把法治作为社会主义民主政治的内在要求，全面推进依法治国，推进国家治理体系和治理能力现代化。

爱国是公民最基本的价值准则，是中华传统爱国主义，近代以来的爱国志士、中国共产党人的爱国壮举和社会主义社会条件下的爱国要求的集中概括和精神升华。中国共产党人在不同的历史时期和发展阶段创造了不同的爱国文化形态。在革命战争时期，传统的家国一体、忠君爱国经马克思主义改造后成为革命爱国；在改革开放时期，革命爱国转型为建设爱国。但不论是革命爱国还是建设爱国，都与社会主义具有价值同一性，都是为了实现中华民族伟大复兴的中国梦。

中国共产党历来鼓励每一个劳动者都要爱岗敬业、在工作中做一个好的社会主义建设者，同时也特别强调每一个共产党人要将职业生活与日常生活融合起来形成职业认同感，将专业精神与担当意识结合起来形成职业责任感，将个体价值与集体价值统一起来形成职业成就感。

诚信既是个体立身之基，又是社会和谐之本；既是经济发展之核心竞争力，又是提升政府公信力之前提。中国共产党不仅倡导诚信，还越来越凸显其地位，即从公民道德规范和行业诚信规范的建设，上升到以"诚信"为重点的整个思想道德建设，进而把"诚信"升华为作为世界观和价值观的重要组成部分。

友善是文明社会共有的价值诉求，中国共产党人立足于马克思主义人性论，凝聚人民的力量，夯实团结友爱的基础，着力构建新型人际关系。当然，在不同的历史时期和发展阶段，也有不同的文化形态。在革命战争时期，友爱更多地体现为阶级友爱；在社会建设时期，友爱更多地体现为互助友爱；而进入改革开放后，中国共产党积极构建社会成员友善利益共享机制，促进社会稳定和谐。

刘云山同志在培育和践行社会主义核心价值观的经验交流会上指出，"价值观自信是保持民族精神独立性的重要支撑"。所谓"民族精神独立性"，概而言之就是一个社会从精神层面对如何认识问题、分析问题、评价问题、解决问题有自己独立的不受他者主宰与左右的思维、价值与方法。当一个社会在如何认识世界上有自己独特的思维方式，在如何评价世界上有自己独特的价值立场，在如何应对世界上有自己独特的方法路径时，我们就可以讲这个社会保有了它的"民族精神独立性"。

当然，我们强调"保持民族精神的独立性"，就隐喻了民族精神存在依赖性的可能。这种"依赖性"是客观存在的，只要我们不否定联系的客观性与普遍性。在其实现性上，世界性的交往使得不同民族精神相互影响、相互渗透，也使得不同民族精神在世界文化体系中扮演着特殊角色，发挥着独特功能。关联性越强，独立性彰显得越强。原始状态下无关联的独立，仅仅只是一种孤立。但民族精神必须独立。一个民族精神不独立，其必然成为其他民族的文化附庸。这种独立是联系中的独立，而不是无关联的孤立。

人是一种能动的存在物，精神是人特有的属性。因此，人无精神则不立。为什么精神对于人而言如此重要呢？因为精神是人的元神，是人的元气。精神颓丧者，常让人有"残灯风灭炉烟冷"之感觉；而精神抖擞者，都能够保持"龙马精神海鹤姿"。精神的重要性对于一个人如此，对于一个民族国家更是如此。因为民族无精神则不强。一个民族国家只有坚持了民族精神独立性，才能保证这个民族国家在政治、经济、文化上的真正独立。习近平告诫我们：

> 如果我们的人民不能坚持在我国大地上形成和发展起来的道德价值，而不加区分、盲目地成为西方道德价值的应声虫，那就真正要提出我们的国家和民族会不会失去自己的精神独立性的问题了。①

试问，失去脊梁骨的独立，还有"独立"的意义吗？

对于一个社会来讲，精神独立奠定了经济政治社会独立的前提，精神独立也保证了经济政治社会在真正意义上的独立。如果一个社会在精神层面人云亦云、亦步亦趋，唯他人马首是瞻，不能在精神层面想清楚、讲清楚什么是好、什么是应该的、什么是有意义的，怎么可能走出一条前无古人的新路，怎么可能确立起优越于他者的全新制度，又怎么可能把自己选定的道路信心百倍、义无反顾、坚定不移地走下去？应该说中国社会精神独立性的问题本来不成问题，中华文明五千年的绵绵不绝，中国社会百余年来不屈不挠的奋斗与抗争，乃至中国特色社会主义道路的开辟、探索与实践，中华民族伟大复兴中国梦的提出等，都是中国社会精神独立的最好证明。没有高度自觉且充满自信的精神独立，这一切都是难以想象乃至不可能的。

民族独立、人民解放和国家富强、人民富裕是中国共产党领导人民要完成的两大历史任务，也是保持中华民族独立性的首要内涵。1922年中共二大会议就明确提出反帝反封建的民主革命纲领。1949年，中华人民共和国成立，把建立一个独立的新中国由愿望变成现实。但中华人民共和国的成立并不意味着民族独立性就失去了现实意义，相反，呵护、涵养好民族独立性变得更为重要。决不附庸他人的独立精神，应该且必须贯穿于中华民族的全部历史。

在革命战争时期，中国共产党人依据自己独立的思维看待中国

---

① 中共中央文献研究室：《习近平关于全面深化改革论述摘编》，中央文献出版社2014年版，第88页。

革命、依据自己独立的价值评价中国革命、依据自己独立的方法改造旧中国，探索出了一条符合中国实际的革命道路，即农村包围城市、武装夺取政权的道路。在新民主主义革命和社会主义革命中，中国共产党人在反对经验主义的同时反对教条主义、反对本本主义，不做共产国际和苏联的应声虫。当然，我们不能否定共产国际和苏联对中国的帮助以及苏联先进经验的借鉴意义。但从总体性上来审视，"中国这个客观世界，整个地说来，是由中国人认识的，不是在共产国际中管中国问题的同志们认识的"[①]。

在社会主义建设与改革时期，中国共产党人依据自己独立的思维看待中国问题、依据自己独立的价值评价中国问题、依据自己独立的方法建设新中国，探索出一条符合中国实际的建设发展道路，即中国特色社会主义道路。在建设中国特色社会主义社会的过程中，中国共产党人始终坚持自力更生的方针，在自力更生的基础上争取外援。正如邓小平所说："我们一方面实行开放政策，另一方面仍坚持建国以来毛泽东主席一贯倡导的自力更生为主的方针。"[②]必须在自力更生的基础上争取外援，但我们决不依附于任何大国，既不看美国人的脸色行事，也不看俄国人的脸色行事，坚持走自己的路。邓小平指出："为什么说我们是独立自主的？就是因为我们坚持有中国特色的社会主义道路。否则，只能是看着美国人的脸色行事，看着发达国家的脸色行事。"[③]在这里，"自己的路"有三层含义：（1）是对走什么路的回答，即走中国特色社会主义道路；（2）是对如何选择道路的回答，即从中国实际出发；（3）是对如何去走的回答，即自己的路靠自己走，在自力更生的基础上争取外援。当然，我们并不否定全球化当中的相互合作，相反，我们"把坚持独立自主同参与经济全球化结合起来"[④]。

"我国成功走出了一条中国特色社会主义道路，实践证明我们的

[①] 毛泽东：《毛泽东文集》（第8卷），人民出版社1999年版，第299页。
[②] 邓小平：《邓小平文选》（第2卷），人民出版社1994年版，第406页。
[③] 邓小平：《邓小平文选》（第3卷），人民出版社1993年版，第311页。
[④] 胡锦涛：《在中国共产党第十七次全国代表大会上的报告》，人民出版社2007年版，第10页。

道路、理论体系、制度是成功的"①,但是"脱离了中国人的精神世界,脱离了当代中国的深刻变革,是难以正确认识中国的"②。这就是说,社会主义核心价值观形成并发展于中国特色社会主义价值实践主题之中,并指引着中国特色社会主义价值实践。"富强、民主、文明、和谐",旨在回答中国共产党要建设什么样的国家,这是国家层面的价值目标;"自由、平等、公正、法治",旨在回答中国共产党要建设什么样的社会,这是社会层面的价值取向;"爱国、敬业、诚信、友善",旨在回答中国共产党要培育什么样的公民,这是公民层面的价值准则。国家层面的价值目标、社会层面的价值取向以及公民层面上的价值准则,既体现了马克思主义的科学世界观,又继承和弘扬了中华民族精神,是极具中国特色的,与西方鼓吹的"普世价值"有着本质区别。中国共产党凝练的社会主义核心价值观,"就其精神方面来说,已经超过了整个资本主义的世界"③。"现在,我们比历史上任何时期都更接近中华民族伟大复兴的目标,比历史上任何时期都更有信心、有能力实现这个目标"④。因此,我们也应该且必须比历史上任何一个时期都更加自觉地依据社会主义核心价值观去看待、评价与改造世界、社会以及自我,保持民族精神的独立性。进而,对于中国共产党而言,就是"要大力培育和弘扬社会主义核心价值体系和核心价值观,加快构建充分反映中国特色、民族特性、时代特征的价值体系,努力抢占价值体系的制高点"⑤;对于社会大众而言,就是要有坚如磐石的精神和信仰力量,坚定价值观自信。

时下,保持民族精神的独立性,就是要坚持社会主义核心价值观,不唯"普世价值"马首是瞻,不做"普世价值"的应声虫。在

---

① 习近平:《习近平谈治国理政》,外文出版社 2014 年版,第 161 页。
② 习近平:《出席第三届核安全峰会并访问欧洲四国和联合国教科文组织总部、欧盟总部时的演讲》,人民出版社 2014 年版,第 45 页。
③ 毛泽东:《毛泽东选集》(第 4 卷),人民出版社 1991 年版,第 1516 页。
④ 习近平:《习近平关于实现中华民族伟大复兴的中国梦论述摘编》,人民出版社 2013 年版,第 82 页。
⑤ 中共中央文献研究室:《习近平关于全面深化改革论述摘编》,中央文献出版社 2014 年版,第 88 页。

"普世价值"的宣扬者看来,"以自由、理性和个人权利为核心的'启蒙价值'成为推动人类社会从传统走向现代的精神力量,成为现代性社会的价值基础。"①我们对此必须保持清醒的认识,坚决反对依据这些具体的价值理念来改革我们的政治体制与社会制度。所以,中国共产党人必须保持民族精神的独立性,以坚决排除"普世价值"对中国革命、建设与改革实践的重大干扰,排除"普世价值"对中国人民的精神侵蚀与错误引导。正像习近平所说:"我们要虚心学习借鉴人类社会创造的一切文明成果,但我们不能数典忘祖,不能照抄照搬别国的发展模式,也绝不会接受任何外国颐指气使的说教。"②

"普世价值"观念早已有之,毛泽东等中国共产党人曾对此展开了猛烈批判。集中表现在三个方面:(1)针对当时一些人在匈牙利问题上表现出盲目崇拜资本主义的民主,他说:"我国另有一些人在匈牙利问题上表现动摇,是因为他们不懂得世界上的具体情况。他们以为在我们的人民民主制度下自由太少了,不如西方的议会民主制度自由多。"③并说道:"世界上只有……具体的民主,……在阶级斗争的社会里,……有了资产阶级的民主,就没有无产阶级和劳动人民的民主。"④同时在此基础上明确指出,这种抽象化的民主,即纯粹民主,只不过是资产阶级用来统治无产阶级的一种工具而已。他说:"要求抽象的自由、抽象的民主的人们认为民主是目的,而不承认民主是手段。民主这个东西,有时看来似乎是目的,实际上,只是一种手段。"⑤进而他反对西方议会制,提倡民主集中制:

> 我们政权的制度是采取议会制呢,还是采取民主集中制呢?……我们采用民主集中制,而不是资产阶级议会制。议会制,袁世凯、曹锟都搞过,已经臭了。在中国采用民主集中制是很合适的。……我看我们可以这样决定,不必

---

① 秦晓:《秉承普世价值,开创中国道路》,《社会观察》,2010(9):4。
② 习近平:《习近平谈治国理政》,外文出版社2014年版,第171页。
③ 毛泽东:《毛泽东文集》(第7卷),人民出版社1999年版,第208页。
④ 毛泽东:《毛泽东文集》(第7卷),人民出版社1999年版,第208页。
⑤ 毛泽东:《毛泽东文集》(第7卷),人民出版社1999年版,第208页。

搞资产阶级的议会制和三权鼎立等。①

并认为只有实行了民主集中制，中国共产党人才能有跳出"历史周期律"的自信。据黄炎培回忆：

> 有一回，毛泽东问我感想怎样？我答：我生六十多年，耳闻的不说，所亲眼看到的，真所谓"其兴也浡焉，其亡也忽焉"，……一部历史，"政怠宦成"的也有，"人亡政息"的也有，"求荣取辱"的也有。总之没有能跳出这周期率。中共诸君从过去到现在，我略略了解的。就是希望找出一条新路，来跳出这周期率的支配。毛泽东答："我们已经找到新路，我们能跳出这周期率。这条新路，就是民主。只有让人民来监督政府，政府才不敢松懈。只有人人起来负责，才不会人亡政息。"②

（2）针对党内一些人美化与推崇资产阶级的抽象人性论，毛泽东指出这种人性论既是一种乌托邦的观点，又遮蔽了意识形态的复杂性，与马克思主义相违背，他说：

> 有没有人性这种东西？当然有的。……但是只有具体的人性，没有抽象的人性。……在阶级社会里就是只有带着阶级性的人性，而没有什么超阶级的人性。……我们主张无产阶级的人性，人民大众的人性，而地主阶级资产阶级主张地主阶级资产阶级的人性，不过他们口头上不这样说，却说成为唯一的人性。③

因为在毛泽东看来，在阶级社会中，我们只能从具体的社会关系来检视人性，来理解人性，没有什么超阶级的人性。

（3）针对资产阶级自由化思潮，针对某些人崇尚无政府主义，毛泽东指出，在人民内部，社会主义制度是规约自由的，自由是在

---

① 毛泽东：《毛泽东文集》（第5卷），人民出版社1996年版，第136页。
② 黄炎培：《八十年来》，文史资料出版社1982年版，第156-157页。
③ 毛泽东：《毛泽东选集》（第3卷）人民出版社1991年版，第870页。

民主集中制下的自由，自由不是无政府状态。他指出：

> 在人民内部，不可以没有自由，也不可以没有纪律；不可以没有民主，也不可以没有集中。这种民主和集中的统一，自由和纪律的统一，就是我们的民主集中制。在这个制度下，人民享受着广泛的民主和自由；同时又必须用社会主义的纪律约束自己。①

实现"每个人全面而自由的发展"是马克思主义核心价值观，但自由又是以具体的社会历史条件为基础的，因此，没有纯粹而绝对化的自由。正是基于以上判断，毛泽东在全国革命胜利后，仍然强调意识形态工作的极端重要性。他说："作为阶级的意识形态，还要在我国长期存在。如果对于这种形势认识不足，或者根本不认识，那就要犯绝大的错误，就要忽视必要的思想斗争。"②尽管由于复杂的社会历史原因阶级斗争扩大化了，但我们不能否认毛泽东强化意识形态工作的正确性。

改革开放后，各种西方社会思潮伴随经济全球化浪潮渗入我国意识形态领域，相当一部分人不加以正确辨析与鉴别，"一窝蜂地盲目推崇"之，成了空谈马克思主义之后的第二种教条主义。时任中国社会科学院院长的陈奎元曾评价道：

> 当前，在意识形态领域要反对两种迷信、两种教条主义。一种是空谈坚持马克思主义……另一种教条主义，是迷信西方发达国家反映资产阶级主流意识形态的思想理论，把西方某些资产阶级学派的理论甚至把发达资本主义国家的政策主张奉作教条。……这种倾向在意识形态领域以及经济社会变革中的影响力正在上升……理论工作者早有质疑，党的领导人也有告诫，但是至今还未引起思想理论界应有的反响，没有进行认真的鉴别，有的甚至还充作

---

① 毛泽东：《毛泽东文集》（第7卷），人民出版社1999年版，第209页。
② 毛泽东：《毛泽东文集》（第7卷），人民出版社1999年版，第231页。

理论创新的成果,向思想、政治、经济和文化教育等各个领域渗透。①

邓小平对此坚决反对,他在中国共产党第十二届中央委员会第二次全体会议上指出:

> 现在有些同志对于西方各种哲学的、经济学的、社会政治的和文学艺术的思潮,不分析、不鉴别、不批判,而是一窝蜂地盲目推崇。……对于西方学术文化的介绍如此混乱,以至连一些在西方国家也认为低级庸俗或有害的书籍、电影、音乐、舞蹈以及录像、录音,这几年也输入不少。……这种用西方资产阶级没落文化来腐蚀青年的状况,再也不能容忍了②。

问题如此严重,那我们可以不搞改革开放了吗?"堵"不是解决问题的根本办法。在全球化时代,谁不开放,谁就等于拒斥世界文明,进而等于自我消解本国发展的外在条件。因此,江泽民同志提出了"国家要独立,不仅政治上、经济上要独立,思想文化上也要独立"③的战略原则:

(1)坚持社会主义性质不动摇,即我们在同世界各民族国家进行思想文化交流时,在借鉴世界文明成果时,要坚定不移地兜住社会主义这个底。他说:"要用马克思主义和社会主义思想去指导理论、宣传、教育、新闻、出版、文学艺术等部门的工作,去占领思想文化阵地和舆论阵地,丰富群众的精神生活。"④

(2)使独具民族特色的思想文化作品屹立于世界文化之林。他说,思想文化作品"只有首先赢得中国人民的喜爱,具有中国风格、

---

① 陈奎元:《繁荣发展中国特色的哲学社会科学》,《人民日报》,2004-04-20(9)。
② 邓小平:《邓小平文选》(第3卷),人民出版社1993年版,第44页。
③ 中共中央文献研究室:《十四大以来重要文献选编》(下),人民出版社1999年版,第2152页。
④ 中共中央文献研究室:《十三大以来重要文献选编》(中),人民出版社1991年版,第626页。

中国气派,才能堂堂正正地走向世界和屹立于世界文化之林"①。

民族的就是世界的。只有保持民族精神而又摒弃民族的"片面性"和"局限性"的思想文化作品才能成为世界性的思想文化作品。2012年,胡锦涛同志在《求是》杂志上撰文指出:"我们必须清醒地看到,国际敌对势力正在加紧对我国实施西化、分化战略图谋,思想文化领域是他们进行长期渗透的重点领域。"②

当前,国内社会思想意识多样、多元、多变的特征更加凸显,交流、交融、交锋的态势更加复杂。"社会上很多意见和建议值得我们深入思考,但也有些意见和建议偏于极端。一些敌对势力和别有用心的人也在那里摇旗呐喊、制造舆论、混淆视听,把改革定义为往西方政治制度的方向改,否则就是不改革。他们是醉翁之意不在酒,'项庄舞剑,意在沛公。'对此,我们要洞若观火,保持政治坚定性,明确政治定位"③。这些极端的偏见主要受西方社会思潮的影响,尤其是新自由主义、民主社会主义和历史虚无主义的影响。新自由主义主张绝对自由化、彻底私有化、全面市场化,进而严重弱化中国特色社会主义的经济基础、政治基础以及社会基础,进而再强调"自由经济"与"实行宪政"相结合。民主社会主义要求指导思想多元化,进而否定马克思主义在意识形态领域中的指导思想地位,否定"一元主导、多元并存"的思想文化格局。历史虚无主义则全盘否定中国共产党努力实现中华民族伟大复兴的辉煌历史。这些错误的社会思潮,都是蓄意干扰中国特色社会主义实践,都是图谋误导中国社会大众的思想观念与价值判断,都是存心淡化人民群众对中国共产党的信任,都是有意动摇人民群众对马克思主义的信仰,都是妄图引导中国走向改旗易帜的邪路。对此,我们必须引起高度的警惕。

意识形态领域情况越复杂,就越需要增强价值观自信。

---

① 中共中央文献研究室:《十四大以来重要文献选编》(下),人民出版社1999年版,第2152页。
② 中共中央文献研究:《十七大以来重要文献选编》(上),中央文献出版社2013年版,第585页。
③ 中共中央文献研究室:《习近平关于全面深化改革论述摘编》,中央文献出版社2014年版,第19页。

三、社会民众价值观自信探赜

党的十八大以来,中央高度重视培育和践行社会主义核心价值观。习近平总书记多次作出重要论述、提出明确要求。中央政治局围绕培育和弘扬社会主义核心价值观、弘扬中华传统美德进行集体学习。中央办公厅也下发了《关于培育和践行社会主义核心价值观的意见》。党中央的高度重视和有力部署,为加强社会主义核心价值观教育实践指明了努力方向,提供了重要遵循。在十九大报告中,习近平同志进一步指出:

>要以培养担当民族复兴大任的时代新人为着眼点,强化教育引导、实践养成、制度保障,发挥社会主义核心价值观对国民教育、精神文明创建、精神文化产品创作生产传播的引领作用,把社会主义核心价值观融入社会发展各方面,转化为人们的情感认同和行为习惯。①

时至今日,中国离民族复兴从未如此接近。但是根源于西方的资本主义生产方式和价值观的扩张,中国式保守主义②思想开始自下而上兴起,市场经济机制运行导致社会利益主体与社会利益结构分化,进而导致社会价值观念多元与多变,民间社会的不同信念与信仰在不断激荡,人们的价值观念变迁速度比以往任何历史时期都要快,呈现出加速度态势,从"千年之变局"到如今"一年一个样,十年大变样",出现了前所未有的多元、多样、多变的复杂情况。虽

---

① 习近平:《在中国共产党第十九次全国代表大会上的报告》,人民出版社 2017 年版,第 42 页。
② 中国式保守主义有三个特征:(1)要求重新评估中华传统政治文明,将五千年中华文明与四十年改革开放成就结合起来。既然历史具有绵延性,传统政治文明是中华民族五千年生存方式的结晶,那么就不能也不应该用"专制"这么一个西式概念来简单而粗暴地加以概括与否定。(2)要求重新评估改革开放前三十年建立的社会主义传统,将改革开放前三十年与改革开放后三十年的成就结合起来。改革开放前三十年,为新中国由小农文明进入工业文明奠定了物质与精神基础。(3)要求重新评估近代以来的西方文明,将其不仅与近代中国一百七十余年的成就结合起来,而且与近代中国一百七十余年的挫折结合起来。西方文明应当学习,亦可批判。

然集体主义原则是中国社会道德的主旋律，但拜金主义、享乐主义观念和行为有所滋长；虽然为人民服务是中国社会道德的基本价值取向，但为"人民币"服务的观念和行为仍然存在。这个"虽然……但是……"不仅是作为复杂结构存在的社会价值观念的描述，也是对价值观纠结的提示。

事实上，现实生活中人们的价值观纠结是普遍存在的，主要表现在差异的价值观念在同一时空境遇中的矛盾，如境遇伦理所强调的道德抉择困境与道德悖论。一个老人跌倒了，扶，是我应然的道德要求；不扶，是我实然中面临着道德讹诈的风险。扶还是不扶呢？如个体的物欲解放过程中的物欲至上。没有个体对物质利益的追求，就不会产生市场的繁荣与个性的解放。与此同时，物欲的膨胀也产生了物质主义与消费主义。那么，个体要不要追求物质利益呢？如道德的崇高性与利益的现实性。一个伐木工人，继续砍树一定会破坏生态环境，但是停止砍伐，那么他及他的家人可能就会饿死。他究竟是继续砍伐还是停止呢？

诸种案例仅仅向世人呈现了价值观纠结的表象，尚未深入问题的本质——作为"大他者"的、主宰当下历史的"历史性当下"。从时间维度来看，人们所处的"历史性当下"是一个前现代、现代以及后现代共时性出场的时代。与西方社会在四五百年时间内先后经历了前现代、现代以及后现代不同，中国是暴力地裹入现代化浪潮、暴力地投置后现代运动之中、社会内部又暴力地紧扎着传统的束缚。从空间维度来看，人们所处的"历史性当下"是一个不断"去地域化"又不断"再地域化"的时代。每一种地方性事物（包括价值观念）都力图冲出空间边界而普适化，可能交融，也可能交锋。从主体维度来看，人们所处的"历史性当下"是一个虚在共同体有待实在化的时代。尽管人们经常会自觉或不自觉地站在群体性甚至类性这样原则高度上来审视、批判、前瞻社会中出现的种种行为现象与价值观念，用"人类""我们""大家"这类全称名词来要求个体超拔自身让渡于群体、群体超拔自身让渡于类，但是"人类""我们""大家"是一个实在的共体吗？谁是"人类"？谁是"我们"？谁是

"大家"？置身于这样一个"历史性当下"，被这样一个"大他者"所规制，人们往往会产生主体的迷失感。

所谓"主体迷失"，借用俞吾金先生的话来说，就是指"主体对于自己应有的、客观的立场的误解和错失"[①]，即主体迷失了自己应有的、客观的立场而找不到自我。一个迷失了自己应有的、客观的立场的主体，必然导致自己的价值纠结，从而像浮萍一样游离于形形色色的见解之中。我们在这里谈的"主体迷失"，是指主体在中国文化与中国价值观研究、评判、理解中的缺位、误解、错失。对中国文化与中国价值观进行研究、评判与理解，是为了满足当代中国人的需要，因此，"当代中国人"——二十一世纪一零年代的中国人——应该是处于主体地位的。然而，如此庞大而鲜活的主体居然迷失了自己应有的、客观的立场，这是一个值得深刻省思的问题。具体来说，有如下四种状况。

一是主体的误置。它是指主体在研究、评判、理解各种中国文化与中国价值观现象和问题时，并没有把自己置身于"当代"——二十一世纪一零年代，并没有把自己看成是二十一世纪一零年代的中国人，而是用他者的立场替换了自我应有的、客观的立场。这里所强调的"他者"在理论逻辑上包含多种可能性，但从时间与空间维度来划分，最典型也最为常见的，一是相对于"当代人"而言的"古代人"，尤其是指历代儒学大贤；二是相对于"中国人"而言的"外国人"，尤其是指西方人，即"当代中国人"用"古代人"或"外国人"立场替换了自我应有的客观立场。这种厚古非今、厚古薄今、是外非中、厚外薄中的立场和态度，无不反映出主体立场向古人或外国人的误置。

二是主体的偏失。它是指主体未能把握作为二十一世纪一零年代的中国人所应把握的客观的价值导向，往往以自己的主观的价值导向来研究、评判、理解各种中国文化与中国价值观的现象和问题，以为自己的思想可以代表当代中国人的思想，以为自己的价值选择

[①] 俞吾金：《俞吾金集》，黑龙江教育出版社1995年版，第64页。

可以代表当代中国人的价值选择,以为自己的价值评判可以代表当代中国人的价值评判,这是一种纯粹的主体"自我中心化"的倾向,以主观的价值导向取代了客观的价值导向。这种"自我中心化"的倾向,主要有两种表现:一是用"普鲁克拉斯提斯之床"①安放社会核心价值观。如有人认为"为人民服务"是社会主义核心价值观。的确,"为人民服务"是社会主义价值观,但这是社会主义基本价值观,而不是社会主义核心价值观。核心价值观是反映社会形态的本质属性并为全社会共同追求的最高价值目标、价值取向与价值准则。二是盲人摸象般的做法,主要认为正是社会缺什么就提倡什么。就社会价值观的正能量发挥而言,"缺少什么倡导什么"本是无可厚非的,"缺少什么倡导什么"也是必然的。但是,不缺就不倡导吗?社会主义核心价值观的践行即便蔚然成风,也需要不断地倡导与培育,社会的集体记忆也是遵循艾宾浩斯遗忘曲线规律的。普鲁克拉斯提斯式的思考与盲人摸象般的做法,看似高扬了主体的能动性,实则以主观的价值取向与价值导向取代了客观的价值取向与价值导向,是主体惘然无措、迷不知归的窘蹙状态的表现。

三是主体的虚化。它是指主体力图纯客观地研究、评判、理解各种中国文化与中国价值观的现象和问题。这里所说的"纯客观地",既包括主体在研究、评判、理解各种中国文化与中国价值观的现象和问题时,力图清除掉主体可能带入的任何价值因素和情感因素,也包括主体在研究、评判、理解各种中国文化与中国价值观的现象和问题时,淡化或虚置文化与价值观现象背后的人。就前者来看,这种"纯客观地"就是对各种中国文化与中国价值观的现象和问题只作事实判断而不作价值判断。这种"纯客观地"看似十分公正,让人觉得这样的态度十分严谨、这样的立场十分客观、这样的方法

---

① 在古希腊神话故事中,普鲁克拉斯提斯是一个守在路口、强迫路人试床的奇怪巨人。他在路边安置一张床,如果路人的身高比床长,普鲁克拉斯提斯就斩掉他的脚;如果路人的身高比床短,普鲁克拉斯提斯就拉长他的身体;只有那些身高与床相等的路人,才能免此劫难。从这个故事我们可以看出,普鲁克拉斯提斯式的思考,就是完全凭个人的偏好去研究、评判、理解各种中国文化与中国价值观的现象和问题。

十分科学，殊不知这是对自己置身于其中的生活世界应当持有的价值取向与价值导向进行艰难确定的逃避。事实上，任何事实判断都是与价值判断紧密联系、密不可分的。研究、评判、理解某种文化或价值观，是不可能不带入价值因素和情感因素的，只要有我们对问题意义的阐发，就一定会体现我们的价值观念。就后者而言，这种"纯客观地"是指经由主体阐述的中国文化与中国价值观，常常都是没有"当代中国人"的中国文化与中国价值观。例如，我们讨论了几十年的人权，在诸多的研究与讨论中，抽象的人或一般意义上的人充盈每一本人权论著、铺盖每一份人权资料，虽然有"人"，虽然也讲"人"的权利，但从来就没有坐实过，我们不知道这"人"究竟是谁。即没有那个确切而具体的"人"，只有符号化的"人"。凡事都依国情而定。如果对各种中国文化与中国价值观的研究、评判、理解，与当代中国的文化实际、当代中国的社会价值状况没有什么直接的、密切的联系，如果不对当代中国人的文化焦虑与价值纠结有所回应，其意义是要大打折扣的。

四是历史性的剥落。谈论中国文化与中国价值观念时，人们总是隐去"当年"与"当代"之间的时空背景差异，空谈传承关系；谈论西方文化与西方价值观念时，又总是隐去中国与西方之间的时空背景差异，妄想中西异同。这就产生了客体的历史性剥落。例如"慈孝"观念。中国传统社会是一个以自然血缘关系为纽带、以父权为中心的宗法家族社会；而现代社会则是一个以独立人格和人与人之间的平等关系为基础的社会。因此，传统社会所强调的"父慈子孝"与现代社会所强调的"父慈子孝"，具有不同的社会历史内涵。我们不能停留在抽象的学理层面上，而必须透显出"慈孝"观念的历史性，如此才能澄明对这一精神的正确态度。总之，在研究、评判、理解中国文化与中国价值观的现象和问题时，必须首先确立主体的历史性，进而在此基础上确立应当的、客观的价值取向与价值导向，如此才可能真正地理解中国文化与中国价值观，也才可能客观地评判、科学地研究中国文化与中国价值观。

"因为不自信,所以才倡导自信"的言论,虽然有些显得妄自菲薄,却道出了"正需要但又缺少"的现实诉求。为什么会出现这样的状况呢?主要是因为在培育和践行社会主义核心价值观的过程中,始终存在着如何对待中华传统价值观、西方"普世价值"观、马克思主义价值观的纠结。纠结存在,何来自信?具体来说,主要表现在:

一是对中华传统价值观"承"与"弃"的纠结。价值观总是也必须与时代相适应;核心价值观是时代精神的精华。新的时代需要并产生新的核心价值观。

从中华传统价值观本身来看,它不仅渗透于体现为人的衣食住行的物质文化当中,又渗透于体现为社会风俗、礼仪、制度、法律、宗教、艺术的精神文化当中,其内容是十分丰富的,包括道德价值观、生活价值观、政治价值观、经济价值观、文化价值观、审美价值观等。这些内容有历史性,也有民族性,甚至有阶级性,很显然,对中华传统价值观中的每一个具体内容,需要具体问题具体对待,不能眉毛胡子一把抓;对其每一个具体内容所进行的价值评价,不能以偏概全、一概而论、等量齐观。只要我们简单地回顾一下持续至今的中华传统价值观的论争史就可以发现,对中华传统价值观,病态强化者有之,无理虚无者有之,调和持中者亦有之,其中的肯定与否定,可谓高潮迭起、方兴未艾。从历史发展的态势来看,辩证分析、批判继承的观点经受住了历史和实践的考验,已从"边缘"走向"中心",现居高势位。

从现实社会需要和外来文化冲击来看,中华传统价值观由于受到民族主义与自由主义的内外夹击,其现实地位和价值自20世纪以来就遭受不同程度的冲击。近现代以来尤其是20世纪以来的中国,经济、政治、文化、社会都不断深化转型,其文化形态的转型就是儒学跌落、马克思主义成为主流文化与意识形态;同时,西方文化与价值观念也无孔不入、见缝就钻,既对国人的生活方式、思维方式产生重大影响,也在一定程度上对治国理念与施政方略造成了干扰。而从社会大众的角度来看,多数人不能从整体性上辩证地理解、分析中华传统价值观的优缺点,往往基于功利的目的,从局部视域把个别事例推而广之,或病态地强化,盲目地自信;或无理地虚无,庸俗地自卑。

二是对西方"普世价值"观"借"与"批"的纠结。西方"普世价值"虽冠以"普世"之名,但却具有显著的地方性。人们对"普世价值"的纠结主要是指对作为地方性知识的西方"普世价值"的纠结。因为"自由、民主、平等、人权"虽然反映了人类价值的共性,是人类对封建专制主义和宗教神学的思想武器,是人类政治文明发展进程中的重要思想成果,具有进步性、科学性以及文明性,但它又是资产阶级进行政治统治和思想控制的工具,又具有明显的虚伪性、腐朽性以及反动性。

对西方"普世价值"的纠结主要是因为意识形态的冲突。"普世"最初是在宗教意义言说的一个概念,后经启蒙运动而逐渐脱去宗教的外衣,成为一个面对全球问题在伦理学框架内使用的概念。尔后,伴随问题讨论的深入,"普世价值"再度跨界,从伦理学进入政治学、文化学等领域,成为西方式民主、自由、平等、人权的代词。在这时,"普世价值"成为一个具有深厚意识形态色彩的政治学概念,它所倡导的价值规范已经具有某种明显的政治性解释原则。这种政治性解释原则以一种排他的方式力图改造其他理解视角、力图挤占其他价值观念的存在空间、力图重塑整个价值世界。从冷战时期开始,我们就可以清晰地看到"西方国家对社会主义国家的文化渗透就包含双重战略目标:一重目标是向中国等社会主义国家传播西方资本主义生活方式和自由主义价值观,破坏这些国家人民的政治信仰和他们对本国文化的忠诚,并尽可能造成这些国家的文化危机,以达到其政治目的;另一重目标则是培养社会主义国家人民对西方文化观和价值观的认同,企图以其文化观和价值观'重塑'整个世界"[1]。面对中西方意识形态的冲突,有人大肆"去中国化",有人争求"去西方化",也有人"融合开新"。其实,只要认清"普世价值"的本质,

---

[1] 惠鸣:《文化强国:理念与实践》,社会科学文献出版社2013年版,第74页。

就不会再有这种纠结。

三是对马克思主义价值观"名"与"实"的纠结。这种纠结表现在三个方面:一是理论形态原生与衍生关系的纠结,二是理论形态名与实关系的纠结,三是理论形态出场与在场关系的纠结。

从理论的出场形态来看,人们对马克思主义价值观的理解主要存在四种形态:第一种形态就是传统苏联教科书中所阐发的价值观,第二种形态是对传统苏联教科书进行改革创新所阐发的价值观,第三种形态就是以"回到马克思"为原则的文本考订所阐发的价值观,第四种形态就是当代中国化马克思主义所阐发的价值观。这四种形态都是马克思主义价值观原生形态的衍生,它们与原生形态是"流"与"源"的关系。一般来说,解释原生形态所形成的衍生形态应尽可能保持原生形态的精神内核,但随着理论出场语境、出场路径的变化,其出场形态也会发生变化,且精神实质的一致性并不是必然的,也可能发生偏差。正如詹姆逊(Jameson)所说:"如今马克思主义并不是只此一家,别无分店。事实上有形形色色的马克思主义理论话语。"①多元化的衍生形态之间既可能互补,也可能竞争,还可能造成人们的误读与误解。

从理论的名实关系来看,人们要么遵循着"以名求实"的路线来理解马克思主义价值观,要么遵循着"以实循名"的路线来理解马克思主义价值观。"以名求实"者,注重原创,回归文本,但容易犯教条主义错误,有脱离国情的风险。"以实循名"者采用"旧瓶装新酒"的方法,实现马克思主义中国化,形成了中国特色社会主义的道路、理论、制度与价值观。然而,有相当一部分人是从片面的、局部的、消极的现象,如非公有制经济总量过大、外国资本大举入侵、生态环境严重恶化、贫富差距不断扩大、社会道德水平下滑、贪污腐败丛生蔓延等看问题。一旦消极问题有聚集效应,人们就会自觉不自觉地追问:这是以马克思主义为指导的社会主义中国吗?

---

① [美]詹姆逊:《晚期资本主义的文化逻辑》,陈清桥等译,生活·读书·新知三联书店1997年版,第19页。

随之而来的，将是一系列的对社会主义中国真实性的质疑。

从理论的出场与在场关系来看，在一般意义上讲，只有不断出场才能永恒在场，但人们必须承认：在推进马克思主义中国化的过程中，难免出现一些杂音，有人或多或少地淡化或放弃了马克思主义部分重要思想观点，如阶级分析和阶级斗争的思想观点，以至于《坚持人民民主专政，并不输理》一文导致了"王伟光事件"。这无疑是对"马克思主义""马克思主义价值观"产生纠结的一种表现。

经常纠结，必然焦虑。因为"人类焦虑的独特性来源于这一事实，即人是一种会进行评价的动物，是一种会根据象征和意义来解释他的生活与世界，并将这些与他作为一个自我存在等同起来的存在"①。而评价根源于主体的价值观。因此，对价值观的纠结，会导致价值观焦虑的产生。

2011年10月22日，《人民日报》（海外版）刊发《中国进入"全民焦虑"时代》一文，列举了种种焦虑情绪，读后真有让人困坐愁城的体验。就价值观焦虑而言，自近代以来，主要有两个面向：

第一，面向"惟新是求"的现代化焦虑。鸦片战争以降，国人逐渐摒弃循环时间观的思维，而以线性时间观的思维方式看世界——越具有现代性的事物越先进，越具有前现代性的事物越落后，于是"惟新"成为重估一切价值的评价尺度。正是遵循此种逻辑，国人把凡居于时间之轴前列的事物视为具有远大前途和生命力的"新事物"，把居于时间之轴后列的事物视为即将丧失其存在合理性的"旧事物"。于是，有人"把来自'西方的'或要'提倡的'东西，都名之为'新'，把本土固有的或要反对的或要守护的'东西'都称之为'旧'"②。这种把"未来"作目的化处理的"惟新是求"，不仅使极具民族特色而又居于时间之轴后列的文化及其符码遭受灭顶之灾，还导致了由虚无而引发的价值观焦虑。为什么"逐新"会引发焦虑呢？齐格蒙

---

① [美]罗洛·梅：《人寻找自己》，冯川、陈刚译，贵州人民出版社1991年版，第25页。
② 王中江：《新旧之辨的推演与文化选择形态》//欧阳哲生、郝斌主编：《五四运动与二十世纪的中国》，社会科学文献出版社2001年版，第516-517页。

特·鲍曼（Zygmunt Bauman）认为：

> 现代性是一种不可遏制的向前行进……它的冒险过程已日益令人难堪，它的宏大抱负也不断受挫。之所以其行进仍须继续下去，是因为它到达的任何一处地方都不过是一临时站点。没有一处地方特别令人垂青，也没有一处地方会比另一地方更为理想。这就是为什么焦躁不安被体验为一种向前的行进。①

众所周知，鸦片战争以后，中国被暴力地裹入现代化浪潮之中。在寻求国家独立民族解放、国家富强人民富裕的历史过程中，我们是迫切要求摆脱"落后就要挨打"的被动局面，高度期许"让中国走向世界"。因此，历史的亲历者一直在思变。对鸦片战争失败思考的结果是中国"技不如人"，中国没有像西方那样的先进技术，于是轰轰烈烈办洋务，"师夷长技以制夷"。但是后来船坚炮利的中国北洋水师却在甲午战争惨败于倭寇，人们看到办洋务仍然不济于事，于是继续思考，思考的结果是中国"制不如人"，中国没有像西方那样的先进体制，于是轰轰烈烈搞维新，"变法自强"。可戊戌变法维新运动仅百余日就退出历史舞台，于是再思考，思考的结果是中国"思不如人"，中国没有像西方那样的先进思想观念，于是轰轰烈烈搞新文化运动，先后引进了"德先生""赛先生"与"马先生"，并以此来对中国传统价值观念进行革故鼎新。这一过程始于"五四"新文化运动并持续至今，其间经历无数波折——中体西用与西体中用之争、科学与玄学之争、文言与白话之争……直至今天，仍有人对传统价值观要么病态地强化、要么无理由地虚无。问题在于，对于那些亲历者来说，由于所信仰的对象总是处于不断转换之中，从"技术"经由"制度"再到"思想"，思想文化又从"中国化"到"去中国化"再到"再中国化"，每一次转换都意味着存在物可能有的非

---

① [英]齐格蒙特·鲍曼：《现代性与矛盾性》，邵迎生译，商务印书馆2001年版，第17页。

存在。这种转瞬即逝对亲历者的精神生活造成了内心信念的坍塌,即总是遭遇意义丧失的威胁。

于是,人们在两个层面上对"遭遇意义丧失的威胁"所产生的焦虑做出相应反应[①]:一是仍然全力以赴地追赶时代列车,尽管时时面临着被时代抛弃的危险;二是焦灼地从"中国化""去中国化""再中国化"这些具体的内容中抽身而出,觅求体现终极价值观念的"制度""思想""文化"。殊不知,从特殊内容中取消意义,恰恰是精神中心丧失的表现。

第二,面向"转型风险"的社会性焦虑。我们正处于社会全面深化改革、文化全面转型发展的历史时期,即当下中国社会正处于"三大经济结构转型""两大文明转型"[②],以及一系列制度性转变的历史时期。不过,转型是有风险的。尽管风险"表明人们创造了一种文明,以便使自己的决定将会造成的不可预见的后果具备可预见性,从而控制不可控制的事情,通过有意采取的预防性行动以及相应的制度化的措施战胜种种(发展带来的)副作用"[③],但我们必须清醒地意识到三大经济结构转型的并存、两大文明转型的共在、系列制度性转变的共存,使社会各领域的矛盾与民族困扰、宗教困扰、心理困扰等,在同一时代境遇、同一社会场域汇聚融合,强化了国人的焦虑。

为什么面向"转型风险",有人会如同困坐愁城呢?从主体来说,焦虑体现为对作为有限的人的有限意识。因为面对转型风险,人总是以自身的有限性深刻体验为前提。只要人在追问"我(们)应该

---

① 罗洛·梅把焦虑界定为"人在其生存受到威胁时的基本反应,是某种人视为与其生存同等重要的价值受到威胁时的基本反应"。参见罗洛·梅:《人寻找自己》,冯川、陈刚译,贵州人民出版社1991年版,第25页。

② "三大经济结构转型"是指传统的农业经济、近代的工业经济与当代已经和正在到来的知识经济的三大结构转型;"两大文明转型"是指从传统农业经济、农业社会、农耕文明向近代工业经济、工业社会、工业文明转型以及从近代工业经济、工业社会、工业文明向已经和正在到来的知识经济、知识社会、智能文明的转型。参见曾楠:《历史与现实:当代文化焦虑的中国考量》,《内蒙古社会科学》,2011(2):129。

③ 薛晓源等:《全球化与风险社会》,社会科学文献出版社2005年版,第7-8页。

做（或知道）什么""我（们）能够做（或知道）什么""我（们）必须做（或知道）什么"诸如此类问题的时候，就内在地说明了人是一种有限的存在物，进而也在一定程度上表明人自身的"未完成性"，即"这种自身尚未被规定的完满状态的'仍—未'就表明，一种其最内在兴趣在于某种'应当'的本质存在，它在根基上是有限的"①。从客体来说，焦虑体现为"有可能存在不在，不再有在"。因为社会生活是生成的，面对转型风险，人是不可能直接地把握此时的此种"历史性当下"将生成彼时的哪种"历史性当下"，既不可能在"历史性当下"身上，也不可能在"当下的历史性"之中，更根本不可能在其他什么地方。人无法把握住历史这个"大他者"的本质，但可以理解"大他者"的意义。问题又在于"大他者"的意义也是生成的。生成即意味着丧失。丧失带来恐惧。恐惧滋长焦虑。从联系主客体的介体来说，焦虑体现为风险防范机制和控制机制常常会导致另一种无法预料也不愿意看到的结果。总之，转型风险像幽灵一样缠绕着每一个身处风险社会之中的人。

总之，国际国内的深刻变化给当代中国人的精神世界提出了严峻挑战。就国际而言，包括中国在内的每个国家都已经深度卷入全球化浪潮，西方为了争夺全球化时代话语权，极力宣扬"普世价值"论，宣称只有西方的"自由""民主""人权"等核心价值观才代表人类文明的发展方向；就国内而言，中国改革进入攻坚阶段，社会处于转型期，利益格局发生深刻变动，与之相伴随的是人们价值观念日趋多样化，一些人在历史虚无主义错误思潮的影响下，对中国自己的文化和价值观缺乏信心，成为西方"普世价值"论的俘虏，以至于有人"在批评中国是一个'礼崩乐坏'的社会，主流价值甚至已经崩溃"②。面对这种挑战，中国共产党人从关乎民族精神独立性的高度，深刻阐述了坚定价值观自信的重要性。

这就要求我们必须从维护文化安全、文化主体性和民族精神独

---

① [德]马丁·海德格尔：《康德与形而上学疑难》，王庆节译，上海译文出版社2011年版，第206页。
② 何辉：《中国主流价值并未沦陷》，《人民日报》（海外版），2011-01-04（5）。

立性的高度增强价值观自信。因此，必须坚持以马克思主义为指导，科学对待中国传统文化，善于从优秀传统文化资源中汲取营养来培育和践行社会主义核心价值观，切实增强价值观自信。唯有增强对社会主义核心价值观的"自信"，才能实现中华民族民族精神的"自立"。

第四章

提升路径：
坚定价值观自信的
基本方案

社会民众弱自信性状况既可能会引发对多元文化意识形态支持的维护和加强，也可能会引发对多元文化意识形态支持的破坏和削减；既可能会引发社会民众对社会主义核心价值观的坚守，也可能会引发社会民众对社会主义核心价值观的弃守。因此，必须立足现有的状况，对多样性的"意识"、多元化的"价值观念"进行"形态化"的努力，谋求价值共识，以此既保持民族精神的独立性，不做西方道德价值的应声虫，又破除对"普世价值"的盲从。有效的做法就是：从客体来讲，巩固社会主义核心价值观的支撑根柢；从介体来讲，优化价值观自信的生成机制；从主体来讲，重塑主体的当下性。

第一节　巩固社会主义核心价值观的根柢

刘云山同志在培育和践行社会主义核心价值观工作经验交流会上曾指出："我们的价值观自信来自于马克思主义的正确指引，来自于中华优秀传统文化的丰厚滋养，来自于中国特色社会主义的成功实践，来自于对人类文明优秀成果的吸收借鉴。"[①]这实际上指出了价值观自信的根柢性，或者说指出了价值观自信的内涵支撑。

一、坚守理论根柢

科学的理论指引有助于人们树立正确的价值观念，有助于人们坚守正确的信念，更有助于人们为实现正确的理想信念而不断奋斗。马克思主义就是中国共产党人认识世界与改造世界的科学思想武器。自从马克思主义作为中国共产党的指导思想以来，中国共产党人一以贯之地以马克思主义为指导凝练、培育、践行中国革命、建设、改革等不同历史时期的社会主义核心价值观。马克思主义为坚守价值观自信提供深厚的理论根柢。

---

① 刘云山：《价值观自信是保持民族精神独立性的重要支撑》，[2014-09-13] http://news.xinhuanet.com/2014/09/13/c_1112468560.htm。

首先，马克思主义为提炼、培育、践行社会主义核心价值观提供了科学的阶级立场，即人民的立场。社会主义核心价值观充分体现了人民主体性。（1）明确了社会主义核心价值观是"谁"的价值观。任何价值观都不能脱离实际的主体而独立存在，必须有一个承载的主体。社会主义核心价值观的承载主体是"谁"呢？我们认为基于中国立场与中国视野、聚焦中国问题的社会主义核心价值观是由中国共产党从人民群众的价值实践中提炼出来的，反映了国家追求的价值目标、社会追求的价值取向、公民追求的价值准则，因此，其承载主体必然是包括中国共产党人在内的全体人民。（2）明确了社会主义核心价值观为"谁"服务。正因为社会主义核心价值观是全体人民的价值观，反映了中国人民在社会主义价值实践过程中的总体精神追求，因此，在为"谁"服务这一根本规度上，直接指向人民。（3）明确了社会主义核心价值观由"谁"践行。从人民群众价值实践中提炼出来并由人民群众承载的社会主义核心价值观，理所当然由人民群众来践行。"只有当群众知道一切，能判断一切，并自觉地从事一切的时候，国家才有力量。"①

其次，马克思主义为提炼、培育、践行社会主义核心价值观提供了最高的价值理念，即实现人的自由而全面发展。社会主义核心价值观充分体现了人的自由而全面发展的核心价值取向。（1）人的自由而全面发展是社会主义核心价值观的向心力。人的自由而全面发展可以指引国家追求"富强、民主、文明、和谐"的价值目标，可以引导社会追求"自由、平等、公正、法治"的价值取向，可以指导公民遵循"爱国、敬业、诚信、友善"的价值准则。（2）人的自由而全面发展是社会主义核心价值观的基本内核。不论是国家追求的价值目标、社会追求的价值取向，还是公民追求的价值准则，其价值旨趣就在于消除物役与人役。只有既消除了物役又消除了人役，人的自由而全面发展才能真正成为现实。

最后，马克思主义为提炼、培育、践行社会主义核心价值观提

---

① 列宁：列宁选集（第3卷），人民出版社2012年版，第347页。

供了科学的方法策略,即走群众路线。社会主义核心价值观源于并指导人民群众的价值实践,把国家、社会、公民凝聚在社会主义这面旗帜下,实现了"大德""公德"与"私德"的有机统一。(1)群众路线的价值取向与社会主义核心价值观的本色相趋同。群众路线强调"一切为了群众、一切依靠群众"的价值取向,充分展现了实现好、维护好、发展好人民群众根本利益的价值追求;而社会主义核心价值观在为"谁"服务这一根本规度上,直接指向人民。因此,二者都彰显了为人民服务的价值取向。(2)群众路线工作方法与社会主义核心价值观的发展过程相一致。群众路线强调"从群众中来、到群众中去"的工作方法;而从人民群众价值实践中提炼出来并由人民群众承载的社会主义核心价值观,只有经由培育内化为人民群众的价值共识,才能得到积极践行,进而才能永葆生命力。

二、弘扬传统文化

习近平指出:"核心价值观,承载着一个民族、一个国家的精神追求,体现着一个社会评判是非曲直的价值标准,⋯⋯一个民族、一个国家的核心价值观必须同这个民族、这个国家的历史文化相契合,同这个民族、这个国家的人民正在进行的奋斗相结合,同这个民族、这个国家需要解决的时代问题相适应。"[①]因此,没有文化涵养的价值观如同成长于岩石上的植被,永远是那么枯、那么小。

首先,从整体性来看,中华优秀传统文化是涵养社会主义核心价值观的土壤与源泉。坚守价值观自信必须立足中华优秀传统文化。舍本弃源,又何谈自信呢?任何舍本弃源的自信都是"庸俗"的自信。(1)五千年的中华优秀传统文化不仅有"博大精深"的思想与"源远流长"的历史,更体现为每个公民个体的"伦理纲常",既是人民的精神家园,又是坚守价值观自信的"发达根基"。若不能立足中华优秀传统文化这一"发达根基",社会主义核心价值观就犹如无

---

① 习近平:《青年要自觉践行社会主义核心价值观——在北京大学师生座谈会上的讲话》,人民出版社2014年版,第8页。

本之木、无源之水了，也就谈不上坚守价值观自信。（2）中华优秀传统文化遗传了民族精神之基因，是坚守价值观自信的"丰厚土壤"。从时代性的维度来看，任何一个民族的文化与精神都是生长着的，因此，"传统文化"之"传统"，不仅具有编年史或历史结构之意义，更具有"整体性的存在意义"，即维系该民族生存、发展的稳定的精神内容。其"绵延性"是民族文化与民族精神在历史进程中所形成的；其"当下性"只是民族文化与民族精神在现时代的书写。因此，要想坚守价值观自信，必须立足于中华优秀传统文化，努力从中找到维系民族生存、发展的稳定的精神基因，并努力发扬光大之。（3）中华优秀传统文化是中国联结世界的精神纽带，是坚守价值观自信的"雨露阳光"。世界是差异性的，人是差异性的，人的价值观亦是差异性的。差异性的价值观念有先进与落后之分。判定某种价值观是先进还是落后，其影响面就是重要的标尺。任何一种仅立足于本土而不面向世界的价值观，终究因封闭而僵化、因僵化而消亡。中华优秀传统文化与社会主义核心价值观不仅契合而且会通，将核心价值观的"社会主义"性质与中华优秀传统文化的民族性有机耦合起来，不仅能够激发海内外华人的情感共鸣，也将使中国的优秀传统通过文化传播径达世界受众。

其次，从具体内容来看，中华优秀传统文化蕴含涵养社会主义核心价值观的丰富资源。（1）涵养价值目标的传统资源。历代帝王与知识分子都致力于谋求、最起码是向往经济发展与国强民富，这为涵养"富强"提供了可资借鉴的思想资源；虽说旧中国总体上没有多少民主可言，但"重民本"的思想经过改造也可以涵养"民主"；懂礼、习礼、守礼、重礼的历史传统为涵养"文明"提供了文化底蕴；而"尚和合"的历史传统为涵养"和谐"提供了文化支撑。①（2）涵养价值取向的传统资源。虽说旧中国总体上没有自由生长的

---

① 中华民族以和为贵，崇尚和谐，追求和谐，视和为事物存在的最佳状态。清代王夫之说："天地以和顺为命，万物以和顺为性，继之者善，和顺故善也。成之者性，和顺斯成矣。"他将"和"上升为天地万物存在变化的根据和本质，表现了对"和"的高度推崇。

空间，但"古代自由主义传统的生成，有利于涵养'自由'的价值取向"①；虽说旧中国的知识分子倡导的"平等"未能发展成为现实，但为涵养"平等"提供了文化养分②；"崇正义"的历史传统为涵养"公正"提供了思想资源③；虽说旧中国总体上是重人治轻法治，但也不乏法治传统，这为涵养"法治"提供了历史借鉴④。(3)涵养价值准则的传统资源。中华民族的爱国主义传统，是涵养"爱国"的思想基础⑤；中国传统知识分子与民间都倡导敬业精神，这为涵养"敬业"提供了思想资源⑥；"践信守诺"的历史传统为涵养"诚信"提供了思想支撑⑦；"讲仁爱"的历史传统为涵养"友善"提供了宝贵的文化基础⑧。

总之，中华优秀传统文化蕴含涵养社会主义核心价值观所需要的丰富思想资源，是涵养社会主义核心价值观的土壤与源泉。

---

① 杜芳、陈金龙：《中华优秀传统文化与社会主义核心价值观的涵养》，《中国高等教育》，2014（23）：36。
② 中国古代富有平等思想，如孔子提出"有教无类"的教育观，主张人不论出身如何，都有平等受教育的权利，极力倡导教育平等；墨子强调人与人之间应是一种无差别、无等级的兼爱，从根本上打破等级和亲疏界限，实现人与人之间的平等。
③ 中国古代推崇正义，中华文化的一个核心观念是"义"。何为"义"？《中庸》说："义者，宜也。"《墨子·天志》讲："天下有义则治，无义则乱。我以此知义之为正也。"《荀子·大略》讲："义者，理也。"这里的"义"，就是正义。孔子所说"不患寡而患不均"，"不均"是指不遵名分、不按规矩分配社会财富，强取豪夺践踏社会公认的公正、公平准则。
④ 例如，商鞅主张除君主以外，卿相、将军、大夫与民众一样，违法犯罪将受到处罚，改变了过去"刑不上大夫"的历史，以彰显法治的威严。
⑤ 例如，"天下兴亡，匹夫有责"，对国家、民族的义务和责任是最高的义务和责任，这种义务感和责任感，是中华民族在人类历史上遭遇大难而不衰、遭遇强敌而不亡的根本原因。
⑥ 例如，孔子称敬业为"执事敬"，朱熹将其解释为"专心致志，以事其业"。民间所流传的"干一行、爱一行"，也是敬业精神的表达。
⑦ 例如，"精诚所至，金石为开""与朋友交，言而有信""人而无信，不知其可也""民无信不立""言必信，行必果"，这些众所周知的古训道出了诚信的价值，表征了古人对诚信的推崇，是涵养"诚信"这一个人价值准则的传统资源。
⑧ 例如，孔子认为，爱人是"仁"的基本内容，社会的各个等级之间都应该相互仁爱，特别是居于统治地位的各等级更要爱人，即"君子学道则爱人"。

三、提升综合国力

核心价值观是兴国之魂,综合国力是兴国之要,二者共同推动国家兴旺发达。在人类进入世界历史之后,在资本逻辑的造就下,价值观念差异化发展,逐渐形成了价值观的二元结构,而且是"使未开化和半开化的国家从属于文明的国家,使农民的民族从属于资产阶级的民族,使东方从属于西方"①。人类历史已经证明、现在正在证明、将来继续证明生产力的高度发达与经济实力的增强将为其坚守价值观自信提供最具坚实的物质基础。在由全球化转化为新全球化的大时代,在中国近代以来170多年的发展历程中,对社会主义核心价值观的自信,是对中国特色社会主义的成功实践、综合国力不断增强进行深刻总结的结果。

首先,中国经济实力的增强为坚守价值观自信提供了物质基础。落后就要挨打,这是历史教训。1840年鸦片战争之后,中国在曲折中探索现代化之路,由器物现代化经制度现代化到文化现代化再到社会全面现代化,最终走上中国特色社会主义现代化道路。在这条现代化道路上,中国由一穷二白、落后挨打的状况发展成为综合经济实力跃居世界第二的国家,人民生活水平发生翻天覆地的变化。但是,通过定量评估后可以发现,还需要进一步巩固中国经济的根柢,换言之,GDP排名并不能非常准确地去衡量一个国家的经济实力。因为经济实力不仅体现在GDP总量与人均水平上,更体现在对国际经济秩序的主导权以及重要产业的控制力上。尽管当前世界经济格局中出现了以中国为代表的新兴力量,国际经济事务主导权从G8交替到G20,但是我们必须从稀缺性与垄断性来正视中国现有的生产力水平以及科技创新能力对经济发展的制约。

其次,中国政治影响力的扩大为坚守价值观自信提供了政治保障。经过七十余载的励精图治、七十余载的沧桑巨变,对内,中国共产党的领导核心地位、马克思主义指导思想地位不断得到巩固;

---

① 马克思、恩格斯:《马克思恩格斯文集》(第2卷),人民出版社2009年版,第36页。

对外，中国声音已由哀叹声、呻吟声、怒吼声、救亡声转为响亮声、正义声、和平声、和谐声。在处理国际事务中，中国始终把他者视为利益共同体，充分展示负责任大国的良好形象，进而中国声音得到越来越多的尊重，中国作用赢得越来越多的赞誉。在国际政治舞台上，当今中国的政治影响力已经是非正式超级大国的水平了。伴随中国政治影响力的扩大，社会主义核心价值观在反思与总结、批判与继承中实现了对非马克思主义价值观的超越。

最后，中国文化软实力的提升为坚守价值观自信提供了精神动力。虽说社会主义核心价值观是社会主义文化之魂，但文化软实力的提升也将进一步促进社会主义核心价值观的培育和践行。没有文化软实力就不可能真正成为强国，就不可能拥有较高的认同度和践行度，更不可能得到他者的宽容与理解。

四、借鉴世界文明

社会主义核心价值观不仅具有"中国特色"，还具有"社会主义"性质，更具有"世界意义"。"中国特色"既内生着共识性价值观和民族性价值观的矛盾关系，又是中国人在价值实践上对共识性价值观和民族性价值观矛盾关系的历史性解答，更是人类价值观念史图景中价值自信的彰显。因此，就空间场域而言，社会主义核心价值观不是已经"特殊"到可以脱离人类价值观念史图景的"另类"，它既直面并需要努力化解中国社会领域内的价值观念问题，又要观照世界问题，具有世界眼光、全球视野。

一是社会主义核心价值观精神实质充分体现了不忘本来、吸收外来、面向未来的理念。社会主义核心价值观是"中国特色社会主义核心价值观"，因此应"具有鲜明的中国特色"[①]，但社会主义核心价值观不是已经"特殊"到可以脱离人类价值观念史图景的"另类"，它不仅要体现"中国特色"，也要体现科学社会主义的一般原

---

① 黄蓉生、白显良：《社会主义核心价值观的提炼与表达》，《高校理论战线》，2011（11）：6。

则①，还要体现人类的共同价值②，它是三种性质的"兼顾"，是中华优秀传统文化与马克思主义的有机统一，是中国价值与人类共同价值的有机统一，是中国特色社会主义价值实践与科学社会主义一般价值原则的有机统一。我们倡导中国价值，强调"中国特色"，但不停留在已然性上，而是超越已然性，追求应然性。

二是社会主义核心价值观是立足于中华文明基础上与其他不同文明对话的结果。社会主义核心价值观在同各种文明形态的价值观相互竞争的背景下，立足于中国特色社会主义道路、理论和制度，既不使中华文明"去共性化"，也不使中华文明"去个性化"，通过对话而内生。因此，社会主义核心价值观不仅承继中华优秀传统文化、反映民族精神，也要切合中国现实、反映中国发展主题，还要关心世界问题、追求人类共同价值。

三是社会主义核心价值观必须观照世界才具有世界意义。当下，群体性存在样态（特别是民族国家）是人类进行利益划分的基本单位，民族利益、国家利益、阵营利益始终是无法忽略的，在处理国际事务中始终居于显著地位。因此，那种完全用类利益来否定国家利益的观点，是对人的群体性存在现实的熟视无睹。但是，人的类性存在以及相应全球化发展，内在地呼唤着类性价值观念，因此否定类性价值观念一定程度和范围的存在，是不明智的，也是不客观的。因此，正确的认识是，既要看到价值观念的国家分殊，又要看到类性价值观念的存在；既要为维护国家价值观而不懈努力，也要为达成更多的价值共识不断奋斗。

---

① 杨永志:《也谈社会主义核心价值观的凝练》,《光明日报》,2012-02-04(11)。
② 因为"西方社会不少有价值的思想，如'自由、民主、平等'等价值观念，并不是资产阶级的专利，也不是某个民族、某个国家的'非卖品'，而是人类文明的共同成果"。参见秦国刚:《提炼社会主义核心价值观要凸显主导价值观的"核心性"》, [2014-12-08]http://qndj.qianlong.com/2012/0113/31012.html。

第二节　优化价值观自信的生成机制

　　从人类的价值实践活动总体状况来看，成功或者成功大于失败的价值实践活动为价值观自信的生成奠定了本体基础。他者对主体秉持的价值观念的评价，是价值观自信生成的重要条件；当他者评价与自我评价相对一致时，就会加强主体的价值观自信；当他者评价与自我评价差距较大时，则会削弱主体的价值观自信；越是影响力大的他者，其评价越影响到价值观自信的生成。主体对自身秉持的价值观的评价活动与主体反思他者评价时所形成的评价是价值观自信生成的关键环节，实践活动的基础作用与他者评价的重大影响都是以自我评价为中介的。在价值观影响下所产生的认同度、践行度与宽容度则是影响价值观自信生成的后果变量，它们是价值观自信生成的外在动力。越认同越自信，越自信越认同；越践行越自信，越自信越践行；越宽容越自信，越自信越宽容。

一、价值观自信与主体实践

　　人的价值观念源于实践并指导实践。成功的实践使人自信，失败的实践使人自卑。从人的能动性过程来看，所谓成功的实践，是指主体在生成（或者说改造）客体的过程中，其目的（或者说需求、利益）得以实现——客体成为"为我之物"；所谓失败的实践，是指在主体生成（或者说改造）客体的过程中，其目的（或者说需求、利益）不但没有得到实现——客体没有成为主体所建构的"为我存在的"事物，甚至奴化了人。从人的受动性过程来看，所谓成功的实践，是指在客体生成主体的过程中，主体成为客体表现自身存有的质料，主体所占据的空间场域与历史方位成为客体表现自身存有的空间场域与历史方位；所谓失败的实践，是指在客体生成主体的过程中，客体从客观对象的存在形式没能转化为主体的物质材料和精神材料，客体依然是对象化的形式。从人的能动性与受动性相统一过程来看，所谓成功的实践，是指客体转化为主体的"为我之物"

并与主体融为一体；所谓失败的实践，是指主体与客体始终保持着"原像"与"镜像"的关系。在一定意义上说，一部人类发展史即为人类社会实践发展史，其间有成功也有失败，成功的实践促进人类社会顺应历史潮流而向前发展，失败的实践则阻碍人类社会发展的脚步。但人们能够清醒地意识到，从总体上来说，成功实践的概率及其历史作用总是大于失败的实践，否则人类社会就不可能不断地进化并创造辉煌未来。这一客观历史事实，为人的自信的生成奠定了本体基础。

事实上，人类的实践活动不仅有作用于事实认识的客观实践，还有作用于价值认识的价值实践。客观实践与价值实践是实践活动的一体两面。客观实践是基于对客观世界的本质与规律的事实认识而展开的物质性活动；价值实践是基于主体需要与客体满足主体需要的价值认识而展开的物质性活动；任何客观实践都有一定的价值判断，而任何价值实践也必须遵循客观规律。因此，价值实践与客观实践一样，存在于人类社会实践的全过程。成功的价值实践使人产生价值观自信，失败的价值实践使人产生价值观自卑。所谓成功的价值实践，是指主体所追求的价值需要、利益目标得到实现——精神变物质，观念的东西物化为实践结果，价值主体与价值客体双向生成，即主体客体化与客体主体化；所谓失败的价值实践，是指主体所追求的价值需要、利益目标没有得到实现——在尊重客观事物本质与规律的基础上没有同时满足主体的需要，或者满足了主体的需要却不尊重客观事物的本质与规律。综观人类的价值实践活动，我们也可以判定，成功的价值实践的概率以及所起的历史作用也总是大于失败的价值实践，否则不可能有效地实现人的解放以及自由而全面的发展。同理，成功的价值实践为价值观自信的生成奠定了本体基础。

列宁曾在《黑格尔〈逻辑学〉一书摘要》中说：在"世界不会满足人，人决心要以自己的行动来改造世界"的实践活动中，存在着"主体在其自在自为的存在中所具有的对自身的确信，就是对自己的现实性和世界的非现实性的确信"①。如果主体没有"对自己的现实性和世界的非现实性的确信",就不可能"以自己的行动来改造世界",并把"改造世界"的实践活动进行下去。由此可见,主体"对自己的现实性和世界的非现实性的确信"就成为自信得以生成的根柢。在价值实践活动中,始终存在着主体对自己利益需要的现实性和客体满足主体利益需要的非现实性的确信;如果没有这种确信,何来价值实践活动呢?主体对自己利益需要的现实性和客体满足主体利益需要的非现实性的确信,体现了主体对自身所秉持的价值信奉态度的积极性与肯定性,进而也体现了这个确信对于生成价值观自信的根柢性。

价值实践是基于主体需要与客体满足主体需要的价值认识展开的物质性活动,而价值观自信则是人们对自身利益所在和价值追求所持态度和看法的坚定信念。如此,价值实践隶属于物质范畴领域,而价值观自信则隶属于意识范畴领域。问题在于:隶属于物质范畴领域的价值实践怎样转化并在主体那里生成隶属于意识范畴领域的价值观自信呢?因为作为心理机制的价值观自信不能离开心理活动场域而与处于这一活动场域之外的价值实践直接发生关系。那么如何才能解决这一难题呢?我们认为解决这一难题的关键就是价值实践基础上形成的经验。虽说经验不等于实践,但经验产生于实践,它是"事物、现实、感性"在实践基础上通过感觉器官向意识观念的直接转化与感性呈现。实践是联结主体与客体的桥梁与纽带,由此,实践基础上形成的经验自然而然地联结着主客观,主体"使自己的生命活动本身变成自己意志的和自己意识的对象"②。这样一来,主体的价值实践定会产生关于价值实践活动的经验,并转化成为主体的意识观念。于是,成功的价值实践大于或者多于失败的价值实践的经验性的历史事实就积淀成为主体关于自身利益所在和价值追求的积极肯定的态度和看法,价值观自信也就在主体意识之中得以生成。对于中国而言,就是要坚定不移地走中国特色社会主义道路,

---

① 列宁:《列宁全集》(第55卷),人民出版社1990年版,第182页。
② 马克思、恩格斯:《马克思恩格斯文集》(第1卷),人民出版社2009年版,第162页。

在坚守道路自信中坚定价值观自信。

二、价值观自信与他者评价

马克思说:"人的本质不是单个人所固有的抽象物,在其现实性上,它是一切社会关系的总和。"①因此,人总是生活在社会关系之中,并同他者产生种种交互关系。而交互关系在其现实性上,就是一种价值关系。如此,主体自身的价值实践活动,不论是成功还是失败,不仅直接关系到价值实践活动主体自身的利益,还直接或间接地关系到他者的利益。这样,处于价值关系之中的他者必然总是立足于自身利益,而对主体价值实践活动的过程以及活动的结果——成功与失败——进行评价。

在一般情况下,主体的价值实践活动能否取得成功,主要取决于主体能否制定合理的价值目标和采取恰当的实践方法。目标是整个价值实践活动得以发动的动力和顺利展开的基本导向;方法是整个价值实践活动得以顺利展开的方式与手段。但是,主体制定何种价值目标,采用何种实践方法,往往受自身秉持的价值观念的影响。故而,他者在作出某种价值评价时,就会不可避免地指向主体秉持的价值观念,展开相应的评价。

他者评价大体上可以分为个体评价、以社会舆论形式表现出来的民众评价以及权威评价三类。一方面,不论是普通个体还是权威个体,不论是一般性社会民众还是代表统治阶级的权威组织,都具有一定的共同性或者统一性;另一方面,由于个体价值需求存在着差异性,而群体则在宏观上进一步放大个体价值需求差异,特别是在阶级社会之中,价值需求不但有差异性,甚至存在着对立性,相比较而言,群体评价往往比个体评价的影响要大得多,权威个体评价往往比普通个体评价的影响要大得多,权威组织评价往往比一般性社会民众评价的影响要大得多。

他者——不论是个体、社会民众还是权威——在对价值观进行

---

① 马克思、恩格斯:《马克思恩格斯文集》(第1卷),人民出版社2009年版,第505页。

评价时，往往是以价值观所指导的实践活动的成功与否作为判定依据的，同时又总以自身的利益为评价的支点，因此，差异的他者有着很不一致的评价结果。但是，较为一致的评价意见——"绝对的普遍物、实体性的东西和真实的东西"①——总会在形形色色的评价意见中显露出来。于是，形形色色的个体化的评价意见就会演化为一种社会舆论；而社会舆论一旦被意识形态化后，又会演化为官方意见。不论是一般性的社会舆论，还是权威性的官方意见，它们作为一种"普遍的、隐蔽的强制的力量"②，对直接处在交互关系之中的价值实践主体都会产生极其重大而深刻的影响。

为什么他者的评价会对主体的价值观自信产生极其重大而深刻的影响呢？这是因为他者评价是自我评价的一面镜子。在通常境况下，自我评价的一个重要基础就是"对别人眼里我的形象的想象"③，即查尔斯·库利（Charles Cooley）所说的"镜中自我"。为什么人常常会根据他者的评价和态度来评价自我呢？这是因为自我评价中，评价主体与评价客体直接同一，这样一来，自我评价带有更多的主观性；而在他者评价中，评价主体是"他者"，评价客体是"我"，"他者"与"我"不具备直接同一性，因而"他者"会带有更客观的观念、选择更客观的标准来评价"我"，其评价结果更具客观性。但是，我们必须看到作为评价主体的"他者"是具有能动性的，既可以对主体秉持的价值观念予以正确的或肯定性的评价，也可能对主体秉持的价值观念予以错误的或否定性的评价。当"他者"对主体秉持的价值观念予以较为正确的或肯定性的评价时，就会对价值观自信的生成产生较为积极的影响；当"他者"对主体秉持的价值观念予以较为错误的或否定性的评价时，就会对价值观自信的生成产生较为消极的影响。由此可知，主体对自身秉持的价值观自信与否，往往与他者以直接或间接的方式对主体秉持的价值观念是肯定性评价还是否定性评价内在地联系在一起。价值观自信作为一种积淀而

---

① [德]黑格尔：《法哲学原理》，商务印书馆1961年版，第332页。
② 马克思、恩格斯：《马克思恩格斯全集》（第1卷），人民出版社1956年版，第237页。
③ [美]查尔斯·库利：《人类本性与社会秩序》，华夏出版社1989年版，第118页。

成的心理机制"一开始就是社会的产物,而且只要人们存在着,它就仍然是这种产物"①。当然,他者评价不仅表现为对主体秉持的价值观念言说了什么、明确表示赞成或反对什么,还包括他者的隐喻表达以及对其他价值观念的种种态度。

不管他者评价是来自个体、社会民众还是权威,当主体发现他者评价与自我评价相对一致时,就会加强主体的价值观自信;相反,如果发现他者评价与自我评价差距较大时,则会削弱主体的价值观自信。当然,在他者评价中,不同的个体、社会民众以及不同的权威,其评价影响力是有明显大小的,越是影响力大的他者,其评价越影响到价值观自信的生成。由于群体比个体的影响力大、权威比普通者的影响力大,所以要特别重视权威组织的评价影响。对于中国而言,能否生成社会主义价值观自信,就特别需要重视国际社会的评价影响。

三、价值观自信与自我评价

对主体秉持的价值观进行评价,除了来自他者之外,还来自自我。因此,价值观自信不仅与价值观的他者评价内在地联系在一起,而且与价值观的自我评价内在地联系在一起。从价值观自信与价值观的自我评价活动的关系来看,满足主体的利益需要是主体对自身利益所在和价值追求所持态度和看法进行评价的最根本的出发点。因为在价值实践活动中,主体所建构的精神形态的"为我之物"——价值观——可以满足主体的精神利益需要,并通过实践转化进而满足主体的物质利益需要。这样一来,价值观的自我评价,定以价值实践的自我评价为中介。而主体的价值实践活动能否成功,与主体秉持的价值观是否具有历史意义即合理性密切相关。

一种价值观是否具有合理性,既不能以"为我"为尺度,也不能以"人性"为尺度,而应该以价值观的历史作用为评价尺度。那种"为我"的评价因为没有统一性与客观性而导致相互指责,致使评价丧失了积极意义;那种看似以统一的"人性"为尺度的评价,

---

① 马克思、恩格斯:《马克思恩格斯文集》(第 1 卷),人民出版社 2009 年版,第 533 页。

事实上因为差异的主体有着不一样的"人性"虚构，也没有统一性与客观性。判定价值观具有合理性的尺度只能是其历史作用：凡是有利于社会历史进步的价值观都是合理的价值观，反之亦然。然而，主体如何来判定"我"秉持的价值观是具有历史合理性的呢？这不仅与主体对价值观的认知和把握——主体对自身利益所在和价值追求所持态度和看法的评价——紧密相关，而且还同反思自我评价——主体反思他者评价时所形成的评价——密切联系。

首先，价值观自信的发生，源于对自身秉持的价值观的认知和把握，缺乏对自身秉持的价值观的历史洞察、现实认同与未来憧憬，价值观自信无从发生。换言之，生成价值观自信是以主体对自身秉持的价值观的认知和把握为前提的。作为一种社会意识形态，价值观总是伴随社会变革而不断发生变化，因为"随着每一次社会制度的巨大历史变革，人们的观点和观念也会发生变革"①。但凡适应社会发展、顺应历史潮流的价值观在主体的价值实践中会得到不断确证，从而在人的意识观念中得到不断确信；但凡不符合社会发展要求、不顺历史潮流的价值观在主体的价值实践中必定表现出某种滞后性甚至消极性，得不到进一步的确证与确信。因此，主体必须对自身秉持的价值观有较为全面、客观的认知和把握，保持其先进性，消除其相对于社会发展的滞后性。既然是"认知和把握"，就不是那种机械式"镜像反映"，这体现了主体在"认知和把握"中的能动性。一种科学的"认知和把握"就是在对自身秉持的价值观进行历史洞察、现实认同与未来憧憬的过程中，保持先进性、消除滞后性。进而，在自我评价中对自身秉持的价值观赋予肯定性评价。

一般而言，只要主体满足价值需要、实现价值目标，就意味着主体的价值实践活动是成功的，进而也意味着指导主体进行价值实践的价值观是具有积极历史意义的，由此使秉持这种价值观的主体具有价值观自信。主体对于自身秉持价值观的历史意义的肯定总是与其对于秉持价值观的自信内在地关联着。特殊而言，差异的主体

---

① 马克思、恩格斯：《马克思恩格斯全集》（第 7 卷），人民出版社 1959 年版，第 240 页。

在其价值实践活动中总会遭遇不一样的成或败,由此反映出差异性主体对价值观的"认知和把握"是不一样的,甚至相差甚远。根据"主客体相关律"[①],差异性主体对价值观的"认知和把握"不一样,导致精神形态的"为我之物"——价值观——对于主体精神需要的满足状况存在差异,进而就导致主体对所持价值观的历史作用的期望也存在差异性。这就是说,在价值观的自我评价中,差异的主体用差异性的自我期望作为现实性的价值标准,通过价值实践活动的中介,对于体现于其中的"认知和把握",在绝大部分境况下,依然能赋予肯定性评价。这就能说明生活于水深火热之中的近代中国人,尽管民族危难,仍具有对于自己价值追求——实现民族独立和人民解放——的自信,仍表现为对于自己完成历史使命——实现中华民族伟大复兴——的不懈努力。

当然,反思自我评价也深深地影响着主体的价值观自信,积极的反思自我评价能增强主体的自信程度,而消极的反思自我评价则会削弱主体的自信程度。一般而言,一方面,主体对自身秉持的价值观不论给予肯定性评价还是给予否定性评价,都会反思他者对"我"的价值观的评价,即反思评价的评价,这同样影响到主体对自身秉持的价值观的自信。另一方面,在反思评价的评价过程中,主体与他者的亲疏程度差异,也可能导致主体在进行反思自我评价时体验到不同程度的自信。从一般的意义来看,积极型的反思自我评价可以增强主体的自信程度,而消极型反思自我评价则会削弱主体的自信程度。同时"关系型自我构念"[②]越高,即主体与他者的关系越亲密,积极型的反思自我评价信息会使主体更加自信;反之,消极型的反思自我评价信息会使主体更加不信。因为"关系型自我构念"越高的主体,越容易将关系亲密的他者的评价归于自我概念中。[③]

[①] 夏甄陶:《试论认识系统中的主—客体相关律》,《哲学研究》,1989(7):3-13。

[②] Cross, S. E., Bacon, P.L., & Morris, M.L. (2000). The relational—interdependent self—construal and relationships. Journal of Personality and Social Psychology, 78(4): 791-808.

[③] Gabriel, S., Renaud, J.M., & Tippin, B. (2007). When I think of you, I feel more confident about me: The relational self and self—confidence. Journal of Experimental Social Psychology, 43(5): 772-779.

四、价值观自信与观念效应

如果说社会实践、自我评价、他者评价是影响价值观自信生成的前因变量，社会效应则是影响价值观自信生成的后果变量，即在价值观影响下所产生的认同度、践行度与宽容度。主体对自身秉持的价值观的认同度与践行度越高，对他者秉持的价值观的宽容度越高，就说明价值观自信程度越高。尽管价值观自信与社会效应之间不是单一的线性关系，但社会效应对价值观自信的预测效果基本一致，因为价值观往往直接影响到人的态度与行为，而且是全方位的。

从认同度来看，只有认同才能自信。一国之内，不论是政治人物还是普通公民，如果绝大多数人对本国倡导的价值观持认同态度，认为自己国家倡导的价值观是普适的，则说明该国家坚定了价值观自信。按照认同层次性来分，从低到高可分为认知性认同、理论性认同、情感性认同以及行为性认同四个层次。对价值观的认知性认同，就是要解决对价值观的认知问题，知道什么是价值观，知道价值观的基本内涵、基本特征、基本导向、基本准则，等等。有了对价值观的基本认知，才会知道自己秉持什么样的价值观。对价值观的理论性认同，就是不仅要知道是什么，还要知道为什么，知其然更要知其所以然。要清楚地知道我们只倡导这种价值观而不是别的什么价值观，为什么只有这种价值观才与基本国情相适切，这种价值观在何种程度上反映了基本国情，等等。有了这种理论上的认同，才能有思想上的清醒与坚定。对价值观的情感性认同，就是从情感上喜爱本国家倡导的价值观。没有"人的情感"，就不可能有对于真理的追求。要增强价值观的真理力量，也要增强价值观的情感力量；要增强价值观的认知性认同与理论性认同，也要增强价值观的情感认同。有了这种情感上的认同，才能把认知性认同与理论性认同上升为行为性认同，即践行价值观。总之，人在认同中不断增强价值观自信，也在自信中不断增加价值观认同；认同得越深刻、广泛，价值观自信也越有基础、越有厚度。同样，自信得越坚定有力，认同也越自觉、有动力。

从践行度来看，践行显露自信、践行展现自信。在现实社会生活中，主体对特定价值观的认知度与主体在认知基础上形成的行为度往往难以实现统一，有时多因素的合力影响导致价值观践行与价值观认知相比还存在巨大间距，甚至产生严重的知行不一现象，即出现"认同度高、知晓度低、践行度不够"的状况。践行度是指主体对特定的价值观念已认知的状态下所产生的行为相对于这一特定价值观念的践行程度，它反映的是价值观知行一致程度。一国之内，不论是政治人物还是普通公民，如果绝大多数人对本国家倡导的价值观既内化于心又外化于行了，则说明该国家坚定了价值观自信。实践的观点是马克思主义首要的基本的观点。践行问题是价值观建设的根本问题，从实践意义上讲，也是首要的基本的问题。现代实践作为人的总体性活动，基本形式包括生产实践——处理人与自然关系的实践、生活实践——处理人与自身关系的实践、交往实践——处理人与人（社会）关系的实践。由此出发，价值观践行的场域也就可以分为生产场域、生活场域与交往场域。对价值观在生产场域中的践行，就是把本国倡导的价值观落实到人类第一历史活动——生产实践中，使生产活动既符合物质生产发展的基本规律，又充分满足人们日益增长的物质文化需求。有了价值观在生产场域中高势态的践行，才有合规律性与合目的性相统一的生产实践活动。对价值观在生活场域中的践行，就是把本国倡导的价值观落实到生活实践中，使生活世界形成良序与良俗，体现出世道人心来。有了价值观在生活场域中高势态的践行，才有文明民风、幸福生活。对价值观在交往场域中的践行，就是把本国倡导的价值观落实到交往实践中，使交往活动既遵守规范，又具有德性。有了价值观在交往场域中高势态的践行，才有良性的以主客体间关系为主的技术制度与以主体间关系为主的社会规范。总之，人在践行中不断增强价值观自信，也在自信中努力践行价值观；践行得越持久、广泛，价值观自信也越有基础、越有厚度。同样，自信得越坚定有力，践行也越自觉、有动力。

从宽容度来看，宽容体现自信。价值观上的宽容是指对一切挑战核心价值观的思想、言语、行为的包容与尊重，是允许不同的价值观平等存在与发展的，是允许"百花齐放""百家争鸣"的，是一种"费厄泼赖"精神，是差异中的共存。能不能具有宽容的心态，能够保持多大的宽容度，是衡量价值观自信又一重要标尺。一国之内，不论是政治人物还是普通公民，如果绝大多数人对别的国家、民族所倡导的价值观念持宽容态度，对本国传统社会所倡导的价值观念也持宽容态度，则说明该国家坚定了价值观自信。价值观念是社会存在的反映，一切国家、民族所倡导的价值观念都是人类文明成果，相当一部分都是经过实践检验并被历史认可的，尽管这些价值观念彼此不完全适合他国的基本国情，但必须承认其存在的合理性。一个国家、民族所倡导的价值观念也有其母体，这个母体是维系该国家、民族发展的重要精神支柱，相当部分同样是经过实践检验并被历史认可的，尽管这个母体也不完全适应该国家、民族事业发展的需要，但也必须承认其存在是有合理性的。对待人类社会一切文明形态，不能局限在某种立场上；如果把特定的社会限定的特殊形式等同于价值观念的一般性历史内容，那么，拒斥一种价值观念也就可能拒绝一种文明，保护一种价值观念也就可能迁就落后。

第三节 重塑主体的时代立场

坚守价值观自信，必须在研究、评判、理解中国文化与中国价值观之前先行地澄明自己的历史性，从而确立主体应有的、客观的价值立场与态度。

一、解蔽"轴心时代"

在马克思去世的那一年，德国又迎来了另一哲人的诞生，他就是雅斯贝尔斯（Jaspers）。1949年，他出版了《历史的起源与目标》，并提出了"轴心时代"这一著名命题。在他看来，公元前800年至公元前200年之间，尤其是公元前600年至公元前300年间，是苏格拉底（Socrates）、柏拉图（Plato）、亚里士多德（Aristotle）、释迦牟尼（Shakyamuni）、孔子、老子等文化圣贤塑造不同文化范式的时代。这些文化圣贤所塑造的文化范式，一起持续不断地影响着后世文化发展。如果我们仅仅从文化范式传承发展的角度来看待这种论说，在学理逻辑上是不存在局限性的；但是，如果认为以后时代的文化发展一直为其所塑造，那么，它很可能遮蔽或淡化主体的历史性。事实上，对于文化或价值观念而言，"轴心"的时代永远都是"当下"，而不是遥远的"过去"。当然，"当下"仅仅是个相对范畴，不管人类历史如何发展、发展到哪个年代，置身其中的只可能是"当时被称作当代人的人"，也只有"当时被称作当代人的人"正在做的事情才是真正的轴心。我们解释任何一种文化或价值观念，都必须以"当时被称作当代人的人"正在做的事情为轴心。对于这一剖析问题的思路，我们完全可以借用意大利历史学家、史学理论家以及哲学家克罗齐（Croce）在1917年提出的"一切真正的历史都是当代史"这一命题来展开阐发。

历史始终是以当下的现实生活为参考对象的，人们所理解的历史都是与"当下"的视域相重合的历史。克罗齐告诉人们：

> 一切历史当它不再被思考，而只是用抽象词语记录，就变成了编年史……而当生活的发展逐渐需要时，死历史就会复活，过去史就变成现在的。罗马人和希腊人躺在墓室中，直到文艺复兴时期欧洲人的精神有了新出现的成熟，才把它们唤醒……因此，目前被我们看成编年史的大段大段历史，目前哑然无声的许多文献是会依次被新的生活光辉所扫射，并再度发言的。①

所以，"过去"必须引起现实的思考，才能在主体的现时思想活动中被唤醒，才可能拥有它的历史性。

事实上，用克罗齐的"一切真正的历史都是当代史"来评判现代"复兴儒学"，好像"复兴儒学"的提法就显得有些不妥了，因为

---

① [意]贝奈戴托·克罗齐：《历史学的理论和实际》，傅任敢译，商务印书馆1982年版，第12页。

它容易让人误解为当代中国人要突然复归传统社会当中去了。而现实生发的情形却与之相反，当代中国人在借用各种文化载体（如汉服、经书、家谱、讲坛等）来演出生活的新剧目。

在这里，克罗齐提出的"一切真正的历史都是当代史"，与雅斯贝尔斯提出的"轴心时代"理论是根本对立的。如果说"轴心时代"理论以一种先入之见把主体引向迷途致使主体误置历史性的话，那么，"一切真正的历史都是当代史"则告诉人们，不要用古代人的立场来替代当代人的立场，"正在做的事情"才是我们时代的轴心。因此，我们要从那个浅显的常识——不了解过去，就不懂得现在——中走出来，去深度领悟这个深刻的真理——不懂得现在，就不能解释过去。因此，深度领悟主体的历史置身性、深度领悟置身于其中的生活世界与观念世界、深度领悟这个生活世界与观念世界的本质意义，才是人们研究、评判、理解中国文化与中国价值观，有效培育和践行社会主义核心价值观的真正的前提性准备。

二、解蔽"编年史时间"

主体迷失与价值纠结的另一个深层原因就是主体对"同时代"作了编年史的理解。虽说"编年史时间"对每年发生的人文史与自然史方面的事件予以"年代记"，成为人们生活之中至关重要、必不可少的时间概念，但如果在文化心态方面，对"同时代的"也赋予编年史时间意义，那将是大错特错的做法。比如说，"二十一世纪一零年代"的中国人认为和"二十一世纪一零年代"的西方人是同时代的，这是在编年史时间意义上讲的"同时代"；但如果在编年史时间意义上讲"二十一世纪一零年代"的中国文化和"二十一世纪一零年代"的西方文化是同时代的，那就是迷惑于外观了：吃一样的汉堡、玩一样的网游、看一样的大片、听一样的歌曲……

事实上，在人的生活世界与观念世界中，始终存在着两种时间形态：一种是以编年史为形态的时间，人们根据这种时间安排社会生活、记录社会事件；另一种则是以社会形态为形态的时间，人们根据这种时间判定事物是否具有时代性。因此，判断不同类型的文化心态是否为同时代的根据就是社会形态时间,而不是编年史时间。同时代意味着什么？从编年史时间来看,意味着那个死的当下性；而从社会形态时间来看,则意味着"不合时宜"——既附着于时代,又与时代保持距离——这是一个活的当下性。

按照马克思对整个人类历史的划分,人类社会将经历"人的依赖关系""物的依赖性基础上人的独立性"和"个人全面发展"三大社会形态。当代中国正处在"物的依赖性基础上人的独立性"起步阶段,和生产力高度发展的当代西方社会不在同一发展阶段,中国仍是发展中国家,因而其文化心态与西方的必然不是同时代的。所以,从"以社会形态为形态的时间"来考察当代中国的价值观念,那么,它与重商主义时期欧洲的价值观念才是同时代的。当代中国对自由、平等、公正的关注,难道不正是重商主义时期欧洲社会已经历过的往事吗？正是在这个意义上讲,"二十一世纪一零年代"的中国文化与价值观念和"二十一世纪一零年代"的西方文化与价值观念就不是同时代的了。只停留在编年史时间上来研究、评判、理解中国文化与中国价值观,势必会把自己的立场误置于西方的立场上,导致对中国文化与中国价值观进行蔽而不明的研究、评判、理解。

三、重塑主体的当下性

对"轴心时代"与"编年史时间"去蔽之后,我们就可以清晰地看到,主体在研究、评判、理解中国文化与中国价值观之前,就必须先行地深度领悟主体的历史置身性,深度领悟置身于其中的生活世界与观念世界,深度领悟这个生活世界与观念世界的本质意义,这样才能走出主体迷失和价值纠结的误区。研究、评判、理解中国文化与中国价值观,"应当着眼于历史传统制约下的当代实践"[1]。从前文的实证分析结果来看,主体迷失与价值纠结都源于他们对"历史传统制约下的当代实践"的偏离。事实上,文化与价值观念,就其规范性向度来说,"普遍性"是其内在的、基本的指向——为人类

---

[1] 刘擎:《中国有多特殊》,中信出版社2013年版,第14页。

的生存困境提供求解方式,因此,越出某种实定边界是文化与价值观念发展的常态。例如,"民主""法治"等是西方人的发明,但也可以作为社会主义中国的一个根本性原则。但是,主体总是置身于一个历史性的当下——承其依托、受其框限。因此,主体在研究、评判、理解文化问题或价值观问题时,往往会受到"历史性的当下"的规制,如讨论"民主"问题,淡化或虚置历史性的境况,西方就不用指责中国式民主,中国也不用回应西方式民主,但在现实性上,往往因具体的、历史的当下境况,"民主"离那种预期的规范性还很远很远。

"历史性的当下",对于主体而言,就是拉康(Lacan)所言的"大他者"、海德格尔(Heidegger)所言的"此在"。它为每一个置身其中的人提供一个审视对象的总体性视野以及一整套符号化的坐标。每一个置身其中的人对文化与价值观念的理解,都为这个总体性视野与符号坐标所规介。由此可见,作为历史每一个具体时刻的当下性,才是主体研究、评判、理解文化问题或价值观问题的根本视域,故而,无可避免地构成了主体研究、评判、理解文化问题或价值观问题的逻辑起点。"历史性的当下",就中国而言,就是当下中国的特殊性。它构成了那全方位规制着主体研究、评判、理解中国文化与中国价值观的"大他者",即"当下中国的特殊性"使得主体对中国文化问题与价值观问题进行观察与省思。彻底抛开"中国特殊性"的历史性向度,而纯粹在文化与价值观念的规范性向度研究、评判、理解中国文化问题与中国价值观问题,那是不可能的:主体研究、评判、理解中国文化与中国价值观,总是面对着已经在场的、作为"大他者"的"当下中国的特殊性",既要承它的依托,又要受它的规制。"当下中国的特殊性",是主体研究、评判、理解中国文化与中国价值观无法规避的前提性框架。

那么,"当下中国的特殊性"体现在哪里呢?对于这一问题,我们不能从实践特色、理论特色、民族特色、时代特色作一般性理解,而应该从社会主义形态的特殊性来理解这个"大他者"。也就是说,"中国特色社会主义"作为科学社会主义的一种特殊历史形态,同资本主义社会,同传统社会主义社会,同其他非马克思主义的社会主义社会相比较，其经济条件和历史任务、发展道路和转变过程、发展阶段和社会形态、经济形式和经济关系、政治形式和政治关系、意识形态和文化关系等都具有特殊性。具体来说，就经济条件和历史任务而言，由于中国特色社会主义社会是从半殖民地半封建社会的旧中国脱胎而来的，其"生产力水平远远落后于发达的资本主义国家，这就决定了我们必须经历一个很长的初级阶段，去实现别的许多国家在资本主义条件下实现的工业化和生产的商品化、社会化、现代化"①。因此，走上社会主义道路的中国所面临的历史任务，更多的"不是社会主义社会自身的任务，而是本来要在资本主义条件下实现的任务；不是进入社会主义阶段以后面临的任务，而是落后国家沿着社会主义道路前进和建设社会主义的任务"②。经济条件和历史任务的特殊性决定发展道路和转变过程的特殊性，但在实践方面，却经历了"以俄为师"到"以苏为鉴"再到"中国道路"的发展历程。与同时并存的其他发展道路相比较而言，中国已从以阶级斗争为纲转向以经济建设为中心、从计划经济体制转向市场经济体制，但马克思主义的指导地位没有变、共产党的领导地位和执政地位也没有变。就发展阶段和社会形态而言，中国仍然处于社会主义初级阶段，是进入共产主义社会第一阶段之前的、仍属于"物的依赖关系"的社会形态。就经济形式和经济关系而言，市场经济与社会主义有机耦合，是"社会主义市场经济"，因此，基本经济制度是以公有制为主体、多种所有制长期并存和共同发展的经济制度，基本分配制度是以按劳分配为主体、多种分配方式并存的分配制度。就政治形式和政治关系而言，"人民民主专政的社会主义国家"总是和它所处的"物的依赖关系"阶段相联系，即国家仍然是本来意义的国家，民主共和国是国体的基本形式。其"特殊性在于：把以共产主义为目标的共产党的主导作用建立在多元化的经济关系之上，把共产党的领导和国家机器有机结合和内在统一起来"③。就意识形

---

① 中共中央文献研究室：《十三大以来重要文献选编》（上），人民出版社 1991 年版，第 10 页。
② 陈文通：《论中国特色社会主义的特殊性》，《科学社会主义》，2009（1）：39。
③ 陈文通：《论中国特色社会主义的特殊性》，《科学社会主义》，2009（1）：44。

态和文化关系而言,始终把马克思主义作为指导思想,坚持一元主导、多元并存的格局,以"主流"引领"潮流"。

当然,重视当下性,并不意味着对"着眼于当代中国实践"进行无条件的肯认,而是自我反思性地考察;不是强调"现时代"的优越性,而是呼唤对当下现实的批判。因为"对人类生活形式的思索,从而对这些形式的科学分析,总是采取同实际发展相反的道路。这种思索是从事后开始的,就是说,是从发展过程的完成的结果开始的"①。这种"事后"反思,不仅蕴含"现在之中的过去",更指向"现在之中的未来"。那么当代中国是怎样的呢?它不仅是全球化的主要倡导者,还成为全球化的主要动力;它不仅在经济与社会上全面地融入了世界,还在政治与文化上也全面地融入了世界;它获得了相对于发达资本主义社会的强势地位,但还是一个发展中国家……所有的这一切,并不意味着"社会主义"的结束,或者说"历史的终结",恰恰相反,它预示着中国将以新的、更具有创造性的方式反思当代实践。就中国文化与中国价值观而言,这种实践反思,将力图在身份建构层面实现"民族特色"与"世界典范"的统一,在内涵提升层面实现"自我"与"他者"的包容,在现实优化层面实现"主流"与"潮流"的共融,在价值定位层面成为民族凝聚力、民族创新力的精神源泉。

---

① 马克思、恩格斯:《马克思恩格斯文集》(第5卷),人民出版社2009年版,第93页。

第五章

未来命运:
成为中国版
"共识性价值"
的方法论估价

培育和践行社会主义核心价值观，必须深入地思考社会主义核心价值观在多元价值观念博弈中的恰当地位，以及社会主义核心价值观在社会民众价值观念认同当中的恰当地位，并把这两个定位结合起来做出正确的理解，这是我们思索社会主义核心价值观未来命运的逻辑前提。

第一节　从总体性把握自信中国话语体系

在提出道路自信、理论自信、制度自信之后，中国共产党人还提出了文化自信，至此构成了一个完整的自信话语体系。准确把握中国特色社会主义自信话语体系，不仅需要厘清"四个自信"的科学内涵和把握"四个自信"的辩证关系，还需要从总体性入手，防止对中国特色社会主义自信话语体系作"碎片化""断裂式""特殊主义"的理解。

一、结构性总体

"四个自信"的主题都是中国特色社会主义。而中国特色社会主义作为一个总体性存在，包括四重内涵：第一，中国特色社会主义既是社会主义作为自然历史过程在中国呈现出的结果，又是社会主义作为自然历史过程所呈现出的新的历史运动形式，其外在表现形态即为中国道路（包括中国特色社会主义革命道路、建设道路和发展道路等）。第二，中国特色社会主义是一个多层次的理论体系，既有分析和解决问题的方法论，又关涉具体问题的知识论，还有明确问题发展目标的价值论，其外在表现形态即中国化马克思主义（包括毛泽东思想、邓小平理论、"三个代表"重要思想、科学发展观和习近平新时代中国特色社会主义思想等）。第三，中国特色社会主义是一种社会制度，既是对资本主义基本制度的克服，又是对传统社会主义基本制度的扬弃，还是共产主义制度在中国的实践，其外在表现形态是中国制度（包括基本经济制度、基本政治制度、基本文化制度、社会治理制度等）。第四，中国特色社会主义是一种价值观，既是社会主义价值理念在中国的践行，又是关于中国特色社会主义的意义、作用和效果的系统化的观点，其外在表现形态即中国精神（包括中国优秀传统文化、中国革命文化、社会主义先进文化、社会主义核心价值观等）。这四重含义的综合化充分体现了"什么是中国特色社会主义、怎样建设中国特色社会主义"的总体本质。

承于对中国特色社会主义总体性的认识与把握，我们认为作为下位范畴的中国特色社会主义自信话语体系应由道路自信、理论自信、制度自信、文化自信构成。也就是说，道路自信、理论自信、制度自信、文化自信这四个"位"的综合化就能充分体现出中国特色社会主义自信这个"体"来。

目前，学界对中国特色社会主义自信这个"体"的认识与把握基本上是一致的，但对作为"位"的表现形态的认识与把握却众说纷纭，这就产生了对中国特色社会主义自信话语体系进行"碎片化阅读"现象。

中国特色社会主义的外在表现形态究竟有哪些？是不是作为"位"的表现形态越多，对"体"的表征就越全面？其实，"位"是"体"的载体与表征，只有能反映总体本质的表现形态才能充当"位"并发挥着"位"的作用。换言之，不是任何一种表现形态都可以占据"位"置的。只要认真审视一下中国特色社会主义的基本含义，就可以看出，能够充当"位"并发挥着"位"作用的表现形态，有且只有"中国道路""中国理论""中国制度"和"中国精神"这四者。对"位"的理解越多、附加的内容越多，就越会对中国特色社会主义作"碎片化阅读"。如此，对于"中国共产党曾经提出了道路自信、理论自信、制度自信，现在又提出文化自信，今后是不是还可以再提出个其他自信来"的言论，人们需要慎重言之，特别是学术上。这是因为：

第一，只有"中国道路""中国理论""中国制度"和"中国精神"这四者才具有基因的地位。中国特色社会主义的外在表现形态的确具有多样性，但并不是所有形态都能体现其"内稳态"来。中国特色社会主义要保持自身根本性质和基本功能的稳定性,必须维系"中国道路""中国理论""中国制度"和"中国精神"的基本特质。基因变了,事物也就变了。

第二,只有"中国道路""中国理论""中国制度"和"中国精神"这四者才具有不可分割性,以致一旦切断它们的内在联系,中国特色社会主义将不再具备原有的性质和功能。中国特色社会主义要保持原有的性质和功能,必须维系"中国道路""中国理论""中国制度"和"中国精神"的内在联系。联系断裂,势必消解中国特色社会主义。

第三,"中国道路""中国理论""中国制度""中国精神"这四者的存在是互为前提的,即它们各自的存在都需要以对方的存在为条件,是结构辩证关系。当然,互为前提的客观现实就是存在的同时性,即"中国道路""中国理论""中国制度""中国精神"这四者的存在是同时性的,不管人们是否意识到这一点。

基于以上理解,人们可以看到,中国特色社会主义自信话语体系作为一个结构性总体,并非把体系中的各表现形态等量齐观,而是在指出了各表现形态"同时存在而又相互依存"的同时,强调道路自信、理论自信、制度自信、文化自信在话语体系中的基础地位和对其他表现形态的决定作用。

二、历史性总体

从结构性总体来认识和把握中国特色社会主义自信话语体系,是不能单独遵循运动、顺序和时间的唯一逻辑公式的,否则就会把"结构"关系变成"序列"关系,进而无法解释话语体系表现形态在其中同时存在而又互相依存的关系。而从历史性总体来认识和把握中国特色社会主义自信话语体系,也不能把"序列"关系变成"结构"关系,否则就会否定其生成性。

就中国特色社会主义的实践来讲,中国特色社会主义自信源于5000多年的中华民族优秀传统文化的涵养;源于在中国人民近代以来170多年民族斗争中选择了中国共产党、选择了马克思主义、选择了社会主义道路；源于在中国共产党 90 多年奋斗中从根本上改变了中国人民和中华民族的前途命运，踏上实现民族伟大复兴的征程；源于在中华人民共和国 60 多年发展中中国共产党团结和带领全国各族人民成功建设中国特色社会主义；源于在改革开放 40 年来探索中坚持和发展中国特色社会主义。

就中国共产党和中国人民的认识过程来讲，"四个自信"则体现出生成性，即中国共产党和人民群众对"四个自信"的认识，并不是共时性展开，而是历时性深入，是在推进中国特色社会主义伟大事业发展进程中先后被认识到的，它们之间存在着渐次递进的关系，并不是有的学者所认为的"并没有明显的先后顺序之分，几乎是同时进行的"①。中国特色社会主义本是一个具有复杂结构的整体，其中各个要素是具有主从关系的，而"道路是关乎党的命脉，关乎国家前途、民族命运、人民幸福"②的生死攸关的问题，因此，中国道路这一形态在中国特色社会主义中居于主导地位。因此，回首中国人民近代以来 170 多年斗争史，中国共产党 90 多年奋斗史，中华人民共和国 60 多年发展史，改革开放 40 年探索史，对"道路问题"的探索、认识与求解始终是第一位的。伴随中国道路的艰辛探索与成功实践，中国理论和中国制度围绕着"什么是社会主义、怎样建设社会主义""建设什么样的党、怎样建设党""实现什么样的发展、怎样发展"等基本问题建构起来。但作为体系性架构的中国理论和中国制度，并不是与中国道路亦步亦趋的，而是"渐进改进""内生演化的结果"③。至于文化自信，在文化民族主义者那里，自信心、优越感、尊荣感要明显地高于其他三个方面，但是，作为全党全社会的科学命题，是习近平同志于 2014 年 2 月 24 日在十八届中共中央政治局第十三次集体学习上最早提出的，于党的十九大写入政治报告中。

---

① 刘文佳、于安龙：《论中国特色社会主义"三个自信"的整体性》，《延安大学学报》，2014（3）：6。
② 本书编写组：《中国共产党第十八次全国代表大会文件汇编》，人民出版社 2012 年版，第 9 页。
③ 习近平：《在庆祝全国人民代表大会成立 60 周年大会上的讲话》，人民出版社 2014 年版，第 16 页。

基于"四个自信"在实践中的主从复合关系和认识上的渐次递进关系,人们认识和把握中国特色社会主义自信话语体系时必须注意以下几个方面:

第一,自信中国是以"人类历史"为参照系的,即要把自信中国置于"人类历史"的范围内,而不是置于"民族历史"的范围内。置于"人类历史"范围内的自信,才是通过彰显其科学性而使得主体践行产生强大自我效能的自信。而置于"民族历史"范围内的自信,往往只是沉浸在特殊性之中的自信,是对特殊性的流连忘返,这是一种自以为是的自信,一种盲目的自信。如果将自信中国的参照系由"人类历史"置换成"民族历史",则要么形成妄自尊大型的言论——"我自信,我就是自信";要么形成妄自菲薄型的言论——"因为不自信,所以才倡导自信"。

第二,"四个自信"作为历史生成物,会表现出"自然次序"和"符合历史发展的次序"①,且在历史过程中,两种次序并不一定具有一致性。但是,人们在对中国特色社会主义自信话语进行认识和把握时,却不能简单地局限在时间序列上,而需要从符合历史发展的序列上加以理解,否则通过实证研究很容易得出"制度自信不如道路自信、理论自信那样坚定""文化自信还是一种弱自信"这一类结果来。如此,就会消解自信中国。

第三,自信中国内在地指向未来社会。如果中国特色社会主义自信话语体系的历史性生成不能指向未来社会,就难以实现逻辑自洽,因为历史是包含未来的。俗话说,自信改变未来,自信赢得未来。有了"自信人生二百年,会当水击三千里"的勇气,自会不断砥砺前进,为实现"两个一百年"目标而奋斗。

总之,中国特色社会主义自信话语体系是历史的、实践的生成,不是纯观念的臆造,必须从历史环境中把握其生成逻辑,只有这样,我们才能从总体的历史关联性把握坚守中国特色社会主义自信的历史必然性,防止"断裂化"理解。

---

① 马克思、恩格斯:《马克思恩格斯选集》(第2卷),人民出版社1995年版,第49页。

三、空间性总体

自信定是依附主体的，在"世界不会满足人，人决心要以自己的行动来改造世界"的实践活动中，如果主体没有"对自己的现实性和世界的非现实性的确信"[①]，就不可能"以自己的行动来改造世界"，并把"改造世界"的实践活动进行下去。但自信又是指向他者的。"我不行，你也不行"，这是带有敌意的自卑；"你行，我不行"，这是他信；"你不行，我行"，这是庸俗的自信；只有"你行，我也行""你行，我更行"才是理性的自信。中国特色社会主义自信就是在同资本主义、传统社会主义相比较中实现超越而形成的心理积淀机制，彰显了中国为世界社会主义运动指出了新方向、为解决人类命运共同体相关问题提供了有效方案而产生的优越感、尊荣感、自豪感。

第一，中国特色社会主义为世界社会主义运动指明了前行方向。世界社会主义从空想到科学、从理论到实践、从一国到多国、从艰辛探索到成功实践，在500年的历史中逐步走向深入。但是，在纵深推进的过程中，世界社会主义运动并不是一帆风顺的，特别是在苏联解体、东欧剧变后走向了低谷。就此，世界社会主义运动在思想理论上、经济体制上、政治发展上都出现种种困境。就思想理论而言，滋生出极端的个人崇拜和极左的思想理论；就经济体制而言，计划经济在实现资源配置、应对市场需求变化上像是听差跑堂了；就政治发展而言，出现了集权专断现象，少了民主性。有人说历史即将终结，有人打消了共产主义信念，有人极力阻断社会主义对人类的影响……面对严峻的历史形势，中国共产党人分析了新的世情、国情和党情，对社会历史发展规律、社会主义建设规律和共产党执政规律进行了再思考，创造性地解答了"什么是社会主义、怎样建设社会主义""建设什么样的党、怎样建设党""实现什么样的发展、怎样发展"等基本问题，使我们国家快速发展起来，实现了国家富强、民族振兴、人民幸福。中国共产党90多年奋斗史、中华人民共

[①] 列宁：《列宁全集》（第55卷），人民出版社1990年版，第182页。

和国60多年发展史、改革开放40多年探索史已经证明,现在正在证明,未来继续证明,中国特色社会主义切实指明了世界社会主义发展新方向,中国道路、中国理论、中国制度、中国精神昭示着世界社会主义运动否极泰来。

第二,中国特色社会主义为治理全球性问题提供了有效方案。人作为自发的类存在物时,命运共同体意识是弱化的,甚至是没有的。伴随人的普遍交往,特别是民族史进入世界史,人就由自发的类存在物上升为自觉的类存在物,人的类聚合性明显增强,人类命运共同体逐渐形成,不同的民族间、不同的国家间、人与自然间,都与周遭的一切休戚相关、福祸一体,任何一件事都可能引起"蝴蝶效应"。时下,人类面临着诸如全球贫困、环境危机、跨国瘟疫和恐怖威胁等若干全球性问题,但差异的主体有着不一样的想象,不同的历史认知会导致不同的价值抉择。世界的出路何在呢?习近平同志在建党95周年的讲话中指出:"全党同志必须牢记,我们要建设的是中国特色社会主义,而不是其他什么主义。"①从"七一"讲话精神来看,"中国方案"即中国特色社会主义,且是对福山"历史终结论"的正面回击。在治理全球性问题上,具体做法是:遵循"互相尊重主权和领土完整、互不侵犯、互不干涉内政、平等互利、和平共处"五项原则,秉持"创新、协调、绿色、开放、共享"五大发展理念,建立以合作共赢为核心的新型国际关系,构建人类命运共同体。汤因比曾说:"中国似乎在探索一条中间道路……如果中国共产党能够在社会和经济的战略选择方面开辟出一条新路,那么它也会证明自己有能力给全世界提供中国和世界都需要的礼物。"②现在看来,"中国方案"就是中国共产党赠给世界的礼物。

基于上述理解,人们认识和把握中国特色社会主义自信话语体系时必须清醒地意识到,该话语是基于"中国立场"与"中国视域"、聚焦"中国问题"产生的,但这只是其中的一面;在中国走向世界的历史进程中,中国特色社会主义自信话语"在解答中国问题过程

---

① 习近平:《习近平谈治国理政》(第二卷),外文出版社2017年版,第37页。
② [英]汤因比:《历史研究》,刘北成、郭小凌译,上海人民出版社2000年版,第394页。

中更加注重发现解答方式和解答经验中的世界意义和普遍价值"①,且不断地聚集"去地域化"与"再地域化"的现实力量,为上升为"普遍主义"话语作准备。

第二节 只有不断出场方能永恒在场

在人类主观意志强烈参与的历史进程中,尽管我们都力图把"未来"紧握于手,但那个不期而至的"例外"又可能随时降临在我们的面前。因此,我们思索社会主义核心价值观的未来命运,最为科学的做法就是作方法论的评估。不过有一点是可以确信无疑的,那就是只有不断"出场"才能永恒"在场"。

一、再地域化

社会主义核心价值观是马克思主义价值观基于"中国立场"与"中国视域"、聚焦"中国问题"的特殊性的中国化理论形态。如果说这是在"世界走向中国"的大背景下所形成的"中国特色"的社会主义核心价值观,那么,在"世界"与"中国"的双向互动过程中,伴随"中国走向世界","中国特色"的社会主义核心价值观必然有一个逆转——由特殊转化为一般、由个性转化为共性,成为中国版的"共识性价值",创造性地转化新时代马克思主义价值观。

尽管"历史性的当下"这个"大他者"主宰着当下的历史,但马克思主义唯物史观使我们注意到,人类社会中总是存在着种种挑战既有的占支配性地位的替代性力量。这就是数千年来中国传统价值观念不断转型却又遭到当时知识分子口诛笔伐的原因。例如佛教入华后,不仅在思想文化、价值观念上对中国固有的文化与价值观提出极大挑战,而且对当时社会的伦理关系、政治关系等也起到瓦

---

① 周忠华:《论社会主义核心价值观自信》,《吉首大学学报》(社会科学版),2015(3):60。

解作用。因此，在儒学玄学化的唐宋时期，从韩愈到朱熹都力主"辟佛"，甚至出现了严重的排佛事件——"三武灭佛"。生产力与生产关系、经济基础与上层建筑之间的矛盾运动，不断推进"历史性的当下"这个"大他者"发生变迁，各种话语在激烈地争夺着霸权性地位的过程中，如潮水般此起彼落。回顾历史，中国价值观念在"历史性的当下"这个"大他者"的变迁历程中，早由马克思主义价值观取代了已经历数百年甚至上千年的传统儒学、玄学、理学、心学、经学。这一历史性向度给了我们一个重要启示，那就是：任何一种占据"普遍主义"位置的话语，定是从特殊性经挑战而转化为普遍性的，但又始终面临着同前任一样的挑战境遇。当然，这一历史性向度，也是以规范性向度——普遍性的内在指向——为支撑的。任何缺少"普遍性的内在指向"的话语，既不可能挑战他者，亦经受不住他者的挑战，进而根本不可能获得霸权性地位，哪怕只是短暂的。

　　虽说社会主义核心价值观是基于"中国立场"与"中国视域"、聚焦"中国问题"的特殊性诞生的观念形态，但其具有"普遍性的内在指向"，这是不容置疑的。正如以民主、自由、平等、人权为核心内容的资本主义核心价值观走出欧洲，以仁、义、礼、智、信为核心的儒家价值观走出齐鲁大地一样，上升为"普遍主义"话语的过程，就是德勒兹所说的"去地域化"与"再地域化"的过程。因此，在"中国走向世界"的历史进程中，社会主义核心价值观既要观照中国又要关注世界。"要在解答中国问题过程中更加注重发现解答方式和解答经验中的世界意义和普遍价值，'中国价值观的世界意义'，将成为主要研究目标。"[1]有人曾把启蒙运动中诞生的种种观念说成是"特殊主义冒充的普遍主义"、是"假'普遍'之名的特殊价值观"[2]。按此逻辑来说，在全人类共识性价值观念未能达成之前，人类是没有"普遍主义"价值观念的。事实上，任何占据"普遍主义"位置的话语，都是经挑战而由"特殊主义"位置上升的；世界

---

[1] 周忠华：《论社会主义核心价值观自信》，《吉首大学学报》（社会科学版），2015（3）：60。
[2] 张旭东：《全球化时代的文化认同：西方普遍主义话语的历史批判》，北京大学出版社2005年版，序言第1页。

上不存在不经历"特殊主义"位置而直接占据"普遍主义"位置的话语。因此,当下中国的价值话语是否有能力成为全球共识性价值观,不在于主观上自信满满,而在于中国是否有"去地域化"与"再地域化"的现实力量。只有具备"去地域化"与"再地域化"的现实力量,国家才能不被外界嘲笑为一个"只生产物品、不生产价值观"的国度。

二、坐标轴心东移

在民族国家历史向世界历史过渡之前,各民族、各国家的价值观念都是自成体系的,各有"特色"。所谓全球价值观念坐标的轴心,也都是从德国哲学家雅斯贝尔斯言说的意义——文化范式的塑造——上来理解。当民族国家历史走入世界历史之后,所谓全球价值观念坐标的轴心,不再是指文化范式塑造意义上的原点,而是指确立全球价值观念图景的、明确价值观念辐射全球范围的空间位置和基本结构的坐标原点。这种坐标原点,反映了某种(或某几种)价值观念在全球的地理分布格局。轴心发生位移,必然导致坐标的空间结构发生变化,进而形成新的图景。因此,审视全球价值观念图景变化,就必须找到坐标轴心位移及其基本结构变化的基本轨迹。

在旧全球化时代,按照资本逻辑向全球强盛扩张的西方列强凭借坚船利炮,"使未开化和半开化的国家从属于文明的国家,使农民的民族从属于资产阶级的民族,使东方从属于西方"[①]。至此,西欧成为全球价值观念坐标的轴心,"西方—东方"的二元结构是其坐标架构。于是,以西方文明的需要来重塑东方的精神文化、对东方"野蛮"落后状况进行"开化",成为全球价值观念的总图景。虽说在 16 世纪至 18 世纪,欧洲出现了"中国热"和"中国化"的思潮,使"有关中国的知识已成为文化界的常识……十八世纪任何一名受教育的士人对中国文化的认识,会远胜于今日一名受过一般教育的

---

① 马克思、恩格斯:《马克思恩格斯文集》(第 2 卷),人民出版社 2009 年版,第 36 页。

知识分子"①。但是，在适逢鸦片战争惨败、国势江河日下之时，西方的"中国热"退潮了。与此同时，一些人开始"开化"那个被视为"黄祸"的旧中国。于是乎，那种依傍经济实力与军事实力的文化霸权主义便大行其道，带着所谓"开创世界历史使命"，在全球所有的"野蛮"之地传播"进步文化"。这好似一场全球性的"文化启蒙运动"：以西方文化与价值观念重塑东方文明！殊不知，这是一场西方主导的全球性的文化重构！殊不知，这是一次假"文明"之名、借"野蛮"手段开展的文化霸权活动！殊不知，这是一场同化东方文化、皈依西方价值，力图使东方人成为"黄皮白心香蕉人"的文化侵略！因此，以往那种以介绍东方文化为主的"东学西传"很快就变成了"开化""解放"那片"野蛮"东方的"西学东渐"。

不过，我们必须清醒地意识到，全球化造成的历史后果以及产生的历史意义是双重的。马克思就曾以辩证的方式评价了一个"文明"民族在东方国家所做的"野蛮"行径：

> 的确，英国在印度斯坦造成社会革命完全是受极卑鄙的利益所驱使，而且谋取这些利益的方式也很愚蠢。但是问题不在这里。问题在于，如果亚洲的社会状态没有一个根本的革命，人类能不能实现自己的使命？如果不能，那么，英国不管犯下多少罪行，它造成这个革命毕竟是充当了历史的不自觉的工具。②

在全球文化坐标一边倒的历史境遇中，自近代以来，中国文化与价值观念已从"去中国化""自我去中国化"经由"中国化"再到今日的"再中国化"，我们努力做的就是实现中国文化与价值观念的历史性开掘、现代性阐释、普适性融合，就是实现中国文化与价值观念的创造性转化与创新性发展，就是实现中国在世界文化坐标中成为世界平等成员，就是要打破"文明—野蛮"的全球文化霸权秩

---

① [美]埃德蒙·莱特斯：《哲学家统治者》，《中国哲学史研究》，1989（1）：91。
② 马克思、恩格斯：《马克思恩格斯文集》（第2卷），人民出版社2009年版，第683页。

序。有幸的是,伴随着中国在世界范围内经济实力的增强、军事实力的提升、政治影响力的扩大,中国文化与价值观有了充足的阳光、雨露和营养,新生而勃发、成长而旺盛;而曾凭借帝国主义实现文化霸权的西方,却有了斯宾格勒(Spengler)惊呼的"没落"。最有意思的是"东方学"文化身份的几重转变。从文艺复兴到启蒙运动的500年间,欧洲"对东方的一切都着迷"[①],有关东方民族国家的历史、哲学、政治、器物、工业等不断被引介到西方,"东方学"在此时仅有学科话语的内涵。启蒙运动之后,"东方学"更主要的是西方社会审视东方社会的一种思维方式,多了一层文化霸权话语的内涵。"东方是欧洲物质文明与文化的一个内在组成部分。"[②]而现在,被作为西方文化结构组成部分的"东方学"却发出了反叛西方文化的声音,大量反殖民主义的文学、文化、宗教、艺术等出现在世界文化当中,其中后殖民文化批评理论的影响力最大。但我们还是要保持清醒意识,明白后殖民文化批评理论的诞生并不意味着东方人民的文化觉醒,更不是东方文化与价值观的自信与自强。那个真正能够基于"东方立场"与"东方视域"、聚焦"东方问题"和创新"东方话语"的主体还没有出场。单就中国来说,随着中国的崛起,"经济中国""政治中国"的国际地位已获得世界性认同,但要使西方乃至整个世界认同"文化中国",我们还需要做更多的工作。其中最为关键的有两点:一是文化主体身份的转向,二是重写文化与价值观念出场的内容。就前者而言,中国不能仅做东方文化的启蒙主体,更要成为东方文化的自觉主体。就后者而言,中国不仅要对传统文化与价值观进行历史性开掘,更要进行现代性阐释与普适性融合。

三、不断出场

马克思说:"物质生活的生产方式制约着整个社会生活、政治生

---

① [美]埃德蒙·莱特斯:《哲学家统治者》,《中国哲学史研究》,1989(1):12。
② [美]塞义德:《东方学》,王根宇译,生活·读书·新知三联出版社1999年版,第2页。

活和精神生活的过程。"① 马克思还说:"我们只能在我们时代的条件下去认识,而且这些条件达到什么程度,我们就认识到什么程度。"② 因此,要想顺利实现启蒙主体向自觉主体的华丽转身,要想科学而客观地重写文化与价值观念的出场内容,必须清晰、理性地把握未来。从总体上我们可以断定:人由自发的人类性发展为自觉的人类性,人类的聚合性明显增强,与此相应,人类对一些基本价值理念和价值原则有了某些"共识",这些"共识性"的价值理念和价值原则构成了作为类整体的人的价值观的基本内容。正是在这个意义上讲,人类的价值观念正在呈现出某种趋同性。"共识性"价值观念的客观存在表明,现代价值观念之差异,已不是原初意义上的性质差异化,而是人类共识性价值观念的差异化形态。换言之,现代价值观念之差异,是人类的共识性价值观不断形成、民族国家价值观仍然多元化的必然结果。

在这样一种人类文化与价值观念发展的总态势影响下,全球文化生态系统有了新气象:其一,保护文化的多样性与价值观念的多元化,保持文化的差异共存、繁荣发展。20世纪90年代就通过了《文化多样性宣言》。其二,文化与价值观在交流中有交锋也有交融,出现"现代变异"。这是连续中的断裂,是现代文化因素在传统中的孳生。其三,人类从工业经济时代步入知识经济时代。如果说工业经济时代是一个"征服性"的时代,那么,知识经济时代则是一个"反省性"的时代;如果说在工业经济时代,谁掌握了物理技术,谁就掌握了世界,那么,在知识经济时代则是谁掌握了文化,谁就掌握了世界。"内圣外王"的中国文化与价值观,既内生着类性价值观和民族性价值观的矛盾关系,又是中国人在价值实践上对类性价值观和民族性价值观矛盾关系的历史性解答,更是人类价值观念史图景中价值自信的彰显,在新的全球文化生态系统之中自当有一席"显地"。对于这块"显地",梁漱溟先生曾指出:

---

① 马克思、恩格斯:《马克思恩格斯文集》(第2卷),人民出版社2009年版,第591页。
② 马克思、恩格斯:《马克思恩格斯文集》(第9卷),人民出版社2009年版,第494页。

西洋文化的胜利,只在其适应人类目前的问题,而中国文化印度文化在今日的失败,也非其本身有什么好坏可言,不过就在不合时宜罢了……等到不合时宜的中国态度遂达其真必要之会,于是照样也拣择批评的重新把中国人态度拿出来……所以中国文化复兴之后将继之以印度文化复兴。于是古文明之希腊、中国、印度三派竟于三期间次第重现一遭。①

是的,一切文化与价值观念都要"适时"或者说要"合时宜"方能显现其生命力。即便是"死历史",当社会发展需要它们时,也会当即复活。正如意大利历史学家克罗齐所说:"罗马人和希腊人躺在墓室中,直到文艺复兴时期欧洲人的精神有了新出现的成熟,才把他们唤醒。"②

社会主义核心价值观是马克思主义价值观在当代中国的理论形态。它是受"当代中国"这个"大他者"所规制的。虽"合时宜",但并不意味着永远都是"合时宜"的。伴随着"历史性的当下"这个"大他者"的向前发展,社会主义核心价值观只有不断"出场"方能永恒"在场"。

只有与时俱进,才不会与时代脱节。当然,任何理论与学说都对出场语境与出场路径有着深度的依赖性,出场语境与出场路径发生变化了,就意味着该理论或学说要"重新上手"。因此,"出场"与"在场"之间存在着内在的循环。"出场"是为了"在场","在场"是为了新的"出场"。"出场""在场""再出场""再在场",循环反复,以至无穷。如果"出"而不"在",那么任何出场行动就失去了最后的结果;如果"在"而未"出",那么就没有新"在"。

我们现在致力于培育和践行的社会主义核心价值观,它"合时宜"于"当代中国"这个"大他者",但我们不能把它奉为超越时空、超越现实、超越有限的永恒真理,否则,在我们"推翻了一切关于

---

① 梁漱溟:《东西文化及其哲学》,商务印书馆2000年版,第202-203页。
② [意]贝奈戴托·克罗齐:《历史学的理论和实际》,傅任敢译,商务印书馆1982年版,第12页。

最终的绝对真理和与之相应的绝对的人类状态的观念"[①]之后，又会将其视为"放之四海而皆准"的话语，恢复我们曾经批判过的"在场的形而上学"。

也就是说，社会主义核心价值观要在"不断出场""秉持在场"过程中不断与时俱进。

也就是说，培育和践行社会主义核心价值观，坚守并进一步增强价值观自信，必须立足于那个活的"历史性的当下"。

第三节　致广大而尽精微

处于"统治地位"的社会主流意识形态需要通过大量的培育才能"转化为人民的自觉追求"，进而才能取得在日常生活中的"支配地位"。《关于培育和践行社会主义核心价值观的意见》从国民教育体系、宣传文化体系、实践养成体系、社会治理体系等四个方面为社会主义核心价值观的深入推进提供了指导，但是要使社会主义核心价值观真正发挥作用，让人们在实践中感知它、领悟它，并自觉地践行它，就必须在落细落小落实上下功夫，正所谓"致广大而尽精微"。现以社会主义核心价值观融入国民教育全过程为例，谈谈培育社会主义核心价值观的落细、落小、落实问题。

一、把握影响融入的因素

德育工作就是要通过合理地开发育人资源使其最大限度地达到立德树人的目标。在社会主义核心价值观融入国民教育过程中，育人资源是什么和资源配置给谁的问题非常明确，余下的问题就是怎样合理、科学地开发利用这一育人资源。社会主义核心价值观本身

[①] 马克思、恩格斯：《马克思恩格斯文集》(第4卷)，人民出版社2009年版，第270页。

不会自发地、更不会自觉地对德育过程产生相应的作用，而要经过教育者将其"天然关系"转化为"为我关系"并合理科学地进行开发利用后，才有助于实现立德树人这一目标。所谓合理科学开发利用，就是把遵循育人资源开发利用规律、遵循德育规律、遵循学生成长规律统一起来，其中育人资源开发利用规律是前提，德育规律是核心，学生成长规律是关键，它们统一的结合点就在"融入"二字上。如此，把握影响融入的关键因素，成为避免相融有间的关键。

一是把握大中小学生的差异性特点。"理论一经掌握群众，也会变成物质力量。理论只要说服人，就能掌握群众；而理论只要彻底，就能说服人。所谓彻底，就是抓住事物的根本。而人的根本就是人本身。"[1]因此，只有深入研究和准确把握了大中小学生的生理特征、认知水平以及思想行为表现等方面的差异性，才能真正达到社会主义核心价值观融入国民教育的预期效果。换言之，国民教育各阶段学生的不同认知特点，是社会主义核心价值观有效融入国民教育要着重考虑的因素。小学生基本上处于"具体运演阶段"，他们主要借助具体事物作出一定程度的推理，因此必须把社会主义核心价值观的内容有机植入小学生容易接受的对象中；中学生一般处于"形式运演阶段"，他们不借助具体事物也能进行推理，但认知水平与辨析能力不成熟，因此，社会主义核心价值观应以系统知识的方式融入中学课程；大学生的年龄理智已经趋于成熟，思维的独立性和批判性增强，因此，基于问题逻辑，应当以"为什么"的方式融入大学课程。不同阶段的认知特点，要求社会主义核心价值观融入国民教育要分层次、分类型、分阶段进行，要求不同层次、不同类型、不同阶段有不同的融入方法与途径。

二是要把握社会主义核心价值观的内容。社会主义核心价值观的内容是多层次的，不同层级的学生在接受教育的过程中，如何恰当选择社会主义核心价值观中的不同内容，做到由浅入深、逐步内化？如何将这些内容通过与其年龄、专业、课程等进行匹配，做到

---

[1] 马克思、恩格斯：《马克思恩格斯文集》（第1卷），人民出版社2009年版，第11页。

水乳交融？这些都是迫切要解决的问题。例如让小学生理解"民主"的确切内涵，回答起来很简单，就是"人民当家作主"，但是如果我们也像小学生们一样进行十万个什么的追问：谁是人民？人民怎么当家作主？……一步一步把它拆解下去，就很难向他们说明其确切内涵了。更大的难题是怎么样让中小学生明白中国特色社会主义民主跟西方民主的本质区别是什么。那我们要建立自己的民主，怎么样同中小学生讲清楚其与西方民主的本质区别？如此一来，正确认识价值观念的"特色"，准确理解"中国特色"社会主义核心价值观，以及科学把握社会主义核心价值观的"中国特色"，便是十分关键的问题。

三是要把握方法与载体。社会主义核心价值观融入国民教育的有效路径与方法有哪些呢？在学生接受社会主义核心价值观教育的过程中，如何选择合适的接受中介，以有效、生动的传播教育方式和手段开展教育以提升接受效果呢？这些问题都有待落细、落小、落实。比如灌输给中小学生富强、民主、文明、和谐，自由、平等、公正、法治，爱国、敬业、诚信、友善的知识，难道这种知识灌输进去了，中小学生就能够成为一个践行社会主义核心价值观的人吗？如果德育工作者把社会主义核心价值观知识当作学理知识来灌输，那就出现了一个严重的偏差，要知道德性和德行不是靠知识灌输养成的。所以，一定要用有文化含量的东西，要用有价值导向的活动。比如在故事中、在社会实践活动中、在校园文体活动中渗透、贯穿，不一定非得要求中小学生死记，三秒钟能背诵出来。社会主义核心价值观融入国民教育一定要以德服人、以文化人。知识可以强塞，但是价值观的东西不容强塞，也真的塞不进头脑。

四是要把握接受环境。接受环境与学生的接受效果是相互作用、相互影响的。当前，全球化、网络化与市场经济的外部社会环境，对学生接受社会主义核心价值观教育产生了较大的影响。哪些是优势？哪些是劣势？哪些是机会？哪些是威胁？这些必须结合实际状况作出相应分析。以往我们的影视银幕上、日常生活中为什么会出现美丑混淆，甚至以丑为美的现象呢？为什么会出现不加分析的怀疑主义者、精致的利己主义者、庸俗的消费主义者？就是因为外部社会环境，特别是审美系统出了问题——迎合当下性。再者是倡导者的说和做要高度一致，否则支撑不起来。例如，有些人自己好逸恶劳、骄奢淫逸，却对他人大谈特谈艰苦奋斗，这种说和做不统一、不一致，他人无论如何也不会相信！

二、切实做到大中小学一体化

社会主义核心价值观教育不能仅停留在广播电视、报纸杂志的文化宣传层面，而应该融入国民教育之中，且"全过程"是其着力点。因此，面向学生的社会主义核心价值观教育必须做到大中小学一体化，否则社会主义核心价值观融入国民教育就不能贯彻始终。

首先，要对融入国民教育不同阶段的理论形态进行分析。作为一个整体，社会主义核心价值观的内容是不能分割的，价值目标、价值取向、价值准则三者不是彼此分离、相互排斥的，而是密切联系、相互统一的。国家层面的价值目标是社会层面的价值取向与个人层面的价值准则的向导；社会层面的价值取向既上承国家层面的价值目标，又下接个人层面的价值准则；个人层面的价值准则把国家层面的价值目标、社会层面的价值取向与人们日常生活紧密联系起来，并转化为人民群众的内在信念和自觉行为。因此，社会主义核心价值观融入国民教育的过程，不能是其内容由局部逐渐扩展为全部的过程，而应该是由抽象思维逐渐丰富为具体理论的过程。具言之，不是说在小学阶段只培育个人层面的价值准则，在大学阶段才培育国家层面的价值目标，而是说需要构建融入国民教育不同阶段的理论形态，即根据不同阶段学生的认知特点，要求有不同的理论形态。一般而言，小学阶段应以"感受性融入"为主。所谓感受性融入，是指通过学生的感受将社会主义核心价值观融入教育之中，进而增强学生认同度和践行度的方法。可见，该方法以学生的感受性为主要手段，采取可感知、可接触、可体验的方式，如通过游学、研学革命纪念馆、科学技术馆等直观具体现象和感性事物，或者体验各种虚拟平台，或者在日常学习和日常生活规范之中，或者在学习美育、劳育、体育等领域的书本知识当中，让小学生了解社会主义核心价值观。在中学阶段应以"知识性融入"为主。所谓知识性融入，是指通过学生的理论学习将社会主义核心价值观融入教育之中，进而增强学生认同度和践行度的方法。社会主义核心价值观既属于价值范畴，也属于知识范畴。学生由小学阶段进入中学阶段后，对外部世界的经验感受性逐渐上升为形式运演，可以不凭借具体事物而理解社会主义核心价值观的内涵，进而可以用确切的价值知识来理解什么是好的、什么是不好的，什么是善的、什么是恶的。进入大学阶段以后应以"问题式融入"为主。所谓问题式融入，是指通过对相关问题的探讨将社会主义核心价值观融入教育之中，进而增强学生认同度和践行度的方法。该方法以问题为主线，用探究、研究、讨论等方式让学生了解社会主义核心价值观。例如，哪个国家都需要爱国，哪个社会都需要友善、敬业、诚信，社会主义的核心价值观为什么要强调这些呢？

其次，要实现融入国民教育不同阶段的有效衔接。融入国民教育全过程，实现大中小学一体化，在明确融入形态基础上，还必须实现融入国民教育不同阶段的有效衔接，通过一体化设计，在整体构架基础上分层有序地实现立德树人。在小学阶段，社会主义核心价值观融入国民教育应以促进道德启蒙为重点。例如在"爱国"教育方面，可以从爱队教育入手，引导小学生明白少年先锋队是建设社会主义中国的预备队。在中学阶段，社会主义核心价值观融入国民教育应以形成道德认知为重点。例如在"法治"教育方面，可以从公民的权利义务关系入手，引导学生养成遵法、守法、用法的行为习惯。进入大学阶段后，社会主义核心价值观融入国民教育就应以提升、坚定理想信念为重点。例如，可以从社会主义核心价值的中国特色入手，引导学生坚定"四个自信"。当然，必须有一种保证有效衔接的运转机制，确保高低学段彼此不干涉或越俎代庖，并且确保低学段的教育内容具有前瞻性，但又不是高学段教育的主要内容，仅是适应高学段教育所必需的内容。

再次，要实现育德能力跨学段、跨学科一体化。融入国民教育全过程，实现大中小学一体化，教师是关键。社会主义核心价值观融入国民教育全过程，关键在于教师有没有将社会主义核心价值观与学科知识进行无缝对接的意识和能力，有没有跨学科横向贯通的意识和能力，有没有衔接不同学段的意识和能力。如此，务必把社会主义核心价值观纳入教师教育课程体系，融入教师职前培养和准入、职后培训和管理的全过程；务必把社会主义核心价值观融入教育教学治理体系中，拟定教师基本工作要求，划定其品德、政治、法律底线。

最后，要科学分析社会主义核心价值观的国民教育目标。科学的德育目标应该既符合社会要求又关照个体成长，既有要求的一致性又有分类的差异性。现在，社会主义核心价值观在国民教育目标建构上还有一些缺陷：一是国民教育目标的定位是以社会本位为主的，没有充分考虑到学生自身的需求，更没有把二者很好地结合起来；二是社会主义核心价值观的国民教育目标的确立侧重于社会主流意识形态的"统治地位"，而没有从社会发展对人的要求这一视角充分考虑社会主义核心价值观对人的日常生活的"支配地位"。

三、进一步建立健全转化机制

当作为育人资源的社会主义核心价值观转化为教育资源后，资源的可教育性将在不同领域（不论是家庭、学校、社会，还是不同学科专业）、不同层面（不论是大中小学，还是普通教育与职业教育）、不同环节（不论是理论教学还是实践教学）都得以彰显，而且运用育人资源的方式是多样化的。但是，把社会主义核心价值观融入国民教育，需要有效的方法与载体。面向学生开展社会主义核心价值观教育，不能只是编著读物，还需要进行"文本转化""内容转化"和"教学转化"，因此，"三个转化"是其切入点。从概念范畴经由课程设置、课程标准，到课程内容和教材大纲的修改方案，再到教学内容，需要相应的转化机制。转化不畅，就会生成障碍。

一要实现文本转化,即将社会主义核心价值观的概念范畴有机渗透到大中小学课程设置和课程标准当中去,这是实现内容转化和教学转化的前提和基础。之所以能将社会主义核心价值观渗透到课程设置和课程标准之中,既是因为社会主义核心价值观与德育课程都以马克思主义为指导思想,具有本源的同一性,又是因为二者都旨在促进人的全面发展,具有目标的同一性,还是因为二者都以人文观照现实生活,具有功能的耦合性,更主要的是因为社会主义核心价值观为德育课程提供了正确的价值导向。只有把社会主义核心价值观的概念范畴写进大中小学课程设置和课程标准,把国家层面的价值目标、社会层面的价值取向与个人层面的价值准则,细化为符合学生年龄特点、贴近学生生活实际的教学要求和操作策略,才能使社会主义核心价值观真正实现文本的转化。如此,在《幼儿园教育指导纲要》、义务教育阶段语文等学科19个课程标准、普通高中阶段语文等学科20个课程标准、大学及以后阶段各专业的每门课程标准中,必须把富强、民主、文明、和谐,自由、平等、公正、法治,爱国、敬业、诚信、友善等概念范畴的内涵与外延作出准确清晰的表述。当然,同一概念在不同年龄段要呈现出不同层次的要求。例如,个人层面的价值准则,各学段都聚焦于"爱国、敬业、诚信、友善",但是不同学段又有具体不同的教学内容和目标要求,进而在国民教育全过程中呈现出螺旋式上升的道德认知发展轨道。

二要实现内容转化,即将渗透到大中小学课程设置和课程标准当中的社会主义核心价值观的概念范畴转化为教材大纲的修改方案和具体的教材内容。将社会主义核心价值观纳入课程教学体系,必须依据课程性质和教学内容的侧重点,制订课程资源开发的方案,包括目标、内容、过程、评价、保障等。在社会主义核心价值观与教材大纲修改方案和教材内容整合的框架中,社会主义核心价值观是被整合的对象,也就是说,按照立德树人的根本任务和德育课程标准,从教材设计到教材编写,将社会主义核心价值观与教材内容重组,作为教学内容施予教育对象。当然,社会主义核心价值观与教材内容的整合,不只是一个结果,更是一个过程,一个双向互动的过程：一方面，根据课程标准中的内容要求和教材编写建议在教材内容的选择、整合及呈现方式等方面着力体现社会主义核心价值观，使社会主义核心价值观与教材内容相匹配；另一方面，社会主义核心价值观是教材内容的具体化，是提升教学质量不可或缺的有机要素。如此一来，变随意无序为井然有序，凸显课程开发的目的性；变条贯有间为前沿后续，凸显课程开发的过程性；变草率行事为科学评价，凸显课程开发的实效性；变零散稀疏为完整体系，凸显课程开发的系统性。如此，课程标准中的社会主义核心价值观意涵便能够体现到教材体系中去。

三要实现教学转化，即将纳入教材体系的社会主义核心价值观内容转化为符合学生认知规律的教学内容与方式。社会主义核心价值观进课程、进教材，只是国民教育实施过程的初级阶段，只有进课堂才能较好实现"进头脑"的目的。因此，社会主义核心价值观进课堂，完成教学转化，才是国民教育实施过程的高级阶段和关键一环。这次转化是对文本转化和内容转化的再转化，是对创造的再创造。众所周知，社会主义核心价值观不宜直接作为教学内容，否则就成为价值知识的教授内容了；相反，它应该与具体的教材内容相匹配并有机"重组"，进而转化成为教学内容。所以，社会主义核心价值观与教材内容的整合不等于二者的混合，更不是二者的拼凑或者"杂糅"，而是有机融合。如此，整合便是社会主义核心价值观与具体教材内容的双向互动。一方面，社会主义核心价值观进入教学体系之中，成为教学内容的来源之一，与具体教材内容相匹配；另一方面，社会主义核心价值观不是可有可无的、附带的素材，而是教材内容的具体化，是提升教学质量不可或缺的有机要素。因此，重构成为社会主义核心价值观向教学内容转化的关键所在。具体来说包括：

在话语转换中重构。《关于培育和践行社会主义核心价值观的意见》是文件话语，社会主义核心价值观的话语是知识本位的话语。而教材话语却是学术话语、领导人讲话等。这两种话语都在一定程度上缺乏对学生的吸引力和感召力，它们同教学话语至少存在四个方面的差异：第一，它们是单主体和单向度的，只指明教什么，而教学话语是教与学基于双向互动的话语。第二，它们侧重于教授知识的完整性，而教学话语则注重学生的可接受性。第三，它们强调严谨与权威，而教学话语则强调通俗和形象。第四，它们是固化话语，是什么就是什么，而教学话语是动态话语，是反映现实生活的日常话语。话语上的差异性，启示着教育工作者在开展教学时不能拘泥于资源话语和教材话语，而要在向教学话语转换的过程中重构课程资源与教材内容，实现课程资源向教学内容的转化。

在内容整合中重构。社会主义核心价值观不仅可以与不同课程进行整合，还可以与同一课程不同教学点相整合。如前面举例的入队教育可以与"爱国"价值观相整合，生态文明教育同样可以引导学生树立起爱护美丽中国的主人翁意识，等等。将社会主义核心价值观作主题化处理，既是社会主义核心价值观与具体教材内容相重构的重要任务，也是实现社会主义核心价值观向教学内容转化的基本路径。

在蕴含开掘中重构。社会主义核心价值观是知识本位的，需要教育工作者竭力将被遮蔽了的价值蕴含开掘出来。将社会主义核心价值观融入国民教育全过程，不是要进行社会主义核心价值观的知识教学。尽管学生德育工作有专门的"德育课程"，但"德育课程"与"课程德育"不能互替，更不能让"德育课程"替代"课程德育"，"课程德育"在德育工作中具有不可替代性。将社会主义核心价值观运用于课程教学，不论是理论联系实际，还是问题导入，都不能是简单机械的"教材内容+社会主义核心价值观"，因为这种方法缺乏深度的思想性和明确的指导性。在教学时，要深度开掘出其隐藏了的德育蕴含。

在知能迁移中重构。将社会主义核心价值观运用于课程教学的目的不是让学生理解、掌握丰富多样的学科知识，而是致力于帮助学生认清社会主义中国发生了什么样的变化，为什么会有这样的变化，在历史变革中还存在什么样的问题，如何正确看待这些问题，社会主义中国将有什么样的前途，这样的前途命运对学生意味着什么。这就为学生了解社会主义中国（特别是当代中国）提供了科学的理论思维和正确的价值导向，使之更加适应社会生活，并为以后更好地担负起社会责任奠定基础。

当然，重构的有效性既受制于意识形态领导者、教材编写者、教育者和受教育者四个主体对社会主义核心价值观理解的"最大共识"，又受制于转化的彻底性。因此，实现教学转化必须吃透教材、把握教材体系，在了解学生基本情况的基础上设计个性化的教案。

参考文献

一、中文著作类

[1] 毛泽东. 毛泽东选集：第 3-4 卷[M]. 北京：人民出版社，1991.

[2] 毛泽东. 毛泽东文集：第 3、5 卷[M]. 北京：人民出版社，1996.

[3] 毛泽东. 毛泽东文集：第 7-8 卷[M]. 北京：人民出版社，1999.

[4] 邓小平. 邓小平文选：第 2、3 卷[M]. 北京：人民出版社，1994.

[5] 胡锦涛. 在中国共产党第十七次全国代表大会上的报告[R]. 北京：人民出版社，2007.

[6] 胡锦涛. 在庆祝中国共产党成立 90 周年大会上的讲话[R]. 北京：人民出版社，2011.

[7] 胡锦涛. 在中国共产党第十八次全国代表大会上的报告[R]. 北京：人民出版社，2012.

[8] 习近平. 习近平关于实现中华民族伟大复兴的中国梦论述摘编[M]. 北京：人民出版社，2013.

[9] 习近平. 在第十二届全国人民代表大会第一次会议上的讲话[R]. 北京：人民出版社，2013.

[10] 习近平. 青年要自觉践行社会主义核心价值观——在北京大学师生座谈会上的讲话[R]. 北京：人民出版社，2014.

[11] 习近平. 出席第三届核安全峰会并访问欧洲四国和联合国教科文组织总部、欧盟总部时的演讲[R]. 北京：人民出版社，2014.

[12] 习近平. 在庆祝全国人民代表大会成立 60 周年大会上的讲话[R]. 北京：人民出版社，2014.

[13] 习近平. 在中国共产党第十九次全国代表大会上的报告[R]. 北京：人民出版社，2017.

[14] 习近平. 习近平谈治国理政[M]. 北京：外文出版社，2014.

[15] 习近平. 在文艺工作座谈会上的讲话[R]. 北京：人民出版社，

2015.

[16] 习近平. 在哲学社会科学工作座谈会上的讲话[R]. 北京：人民出版社，2016.

[17] 习近平. 在庆祝中国共产党成立 95 周年大会上的讲话[R]. 北京：人民出版社，2016.

[18] 习近平. 在学习《胡锦涛文选》报告会上的讲话[R]. 北京：人民出版社，2016.

[19] 中共中央党校. 以习近平同志为核心的党中央治国理政新理念新思想新战略[M]. 北京：人民出版社，2017.

[20] 中共中央委员会. 中共中央关于构建社会主义和谐社会若干重大问题的决定[M]. 北京：人民出版社，2006.

[21] 中共中央委员会. 中共中央关于深化文化体制改革推进社会主义文化大发展大繁荣若干重大问题的决定[M]. 北京：人民出版社，2011.

[22] 中共中央委员会. 中共中央关于全面推进依法治国若干重大问题的决定[M]. 北京：人民出版社，2014.

[23] 中共中央文献研究室. 十二大以来重要文献选编：上[M]. 北京：人民出版社，1986.

[24] 中共中央文献研究室. 十三大以来重要文献选编：上[M]. 北京：人民出版社，1991.

[25] 中共中央文献研究室. 十三大以来重要文献选编：中[M]. 北京：人民出版社，1991.

[26] 中共中央文献研究室. 建国以来重要文献选编：第 9 册[M]. 北京：中央文献出版社，1994.

[27] 中共中央文献研究室. 十四大以来重要文献选编：中[M]. 北京：人民出版社，1997.

[28] 中共中央文献研究室. 十四大以来重要文献选编：下[M]. 北京：人民出版社，1999.

[29] 中共中央文献研究室. 十五大以来重要文献选编：下[M]. 北京：人民出版社，2003.

[30] 中共中央文献研究室. 十六大以来重要文献选编：上[M]. 北

京：中央文献出版社，2005.

[31] 中共中央文献研究室. 十七大以来重要文献选编：上[M]. 北京：中央文献出版社，2009.

[32] 中共中央文献研究室. 习近平关于全面深化改革论述摘编[M]. 北京：中央文献出版社，2014.

[33] 中共中央文献研究室. 习近平关于全面建成小康社会论述摘编[M]. 北京：中央文献出版社，2016.

[34] 本书编写组. 中国共产党第十八次全国代表大会文件汇编[M]. 北京：人民出版社，2012.

[35] 陈独秀. 陈独秀著作选：第1卷[M]. 上海：上海人民出版社，1993.

[36] 陈序经. 中国文化的出路[M]. 北京：中国人民大学出版社，2004.

[37] 陈寅恪. 金明馆丛稿二编[M]. 北京：生活·读书·新知三联书店，2011.

[38] 樊浩. 中国伦理道德报告[M]. 北京：中国社科出版社，2012.

[39] 封祖盛. 当代新儒家[M]. 北京：生活·读书·新知三联书店，1989.

[40] 耿云志. 胡适论争集[M]. 北京：中国社会科学出版社，1998.

[41] 何炳松. 何炳松文集：第2卷[M]. 北京：商务印书馆，1996.

[42] 何毅亭. 学习马克思主义中国化最新成果[M]. 北京：人民出版社，2017.

[43] 胡适. 胡适论学近著：第1集[M]. 济南：山东人民出版社，1998.

[44] 黄炎培. 八十年来[M]. 北京：文史资料出版社，1982.

[45] 黄希庭，张进辅，李红. 当代中国青年价值观与教育[M]. 成都：四川教育出版社，1994.

[46] 惠鸣. 文化强国：理念与实践[M]. 北京：社会科学文献出版社，2013.

[47] 梁漱溟. 东西文化及其哲学[M]. 北京：商务印书馆，2000.

[48] 冷溶，汪作玲. 邓小平年谱（1975—1997）：下[M]. 北京：中央文献出版社，2004.

[49] 刘擎. 中国有多特殊[M]. 北京：中信出版社，2013.

[50] 马云志, 张新平. 坚定中国特色社会主义的"四个自信"[M]. 北京：人民出版社，2017.

[51] 苗力田. 亚里士多德全集：第7卷[M]. 北京：中国人民大学出版社，1993.

[52] 潘光旦. 潘光旦文集：第1卷[M]. 北京：北京大学出版社，2000.

[53] 钱穆. 国史大纲[M]. 北京：商务印书馆，2014.

[54] 瞿秋白. 瞿秋白选集[M]. 北京：人民出版社，1985.

[55] 沈卫威. "学衡派"谱系：历史与叙事[M]. 南昌：江西教育出版社，2007.

[56] 薛晓源, 等. 全球化与风险社会[M]. 北京：社会科学文献出版社，2005.

[57] 俞吾金. 俞吾金集[M]. 哈尔滨：黑龙江教育出版社，1995.

[58] 恽代英. 恽代英文集：上[M]. 北京：人民出版社，1984.

[59] 袁贵仁. 价值观的理论与实践：价值观若干问题的思考[M]. 北京：北京师范大学出版社，2006.

[60] 张君劢. 新儒家思想史[M]. 北京：中国人民大学出版社，2009.

[61] 张君劢. 明日之中国文化[M]. 长沙：岳麓书社，2012.

[62] 张太雷. 张太雷文集[M]. 南京：江苏人民出版社，1992.

[63] 张旭东. 全球化时代的文化认同：西方普遍主义话语的历史批判[M]. 北京：北京大学出版社，2005.

[64] 周宁. 天朝遥远——西方的中国形象研究：上[M]. 北京：北京大学出版社，2006.

[65] 欧阳哲生, 郝斌. 五四运动与二十世纪的中国[M]. 北京：社会科学文献出版社，2001.

二、中文译著类

[1] [德]马克思, 恩格斯. 马克思恩格斯文集：第1-5卷，7-10卷[M]. 北京：人民出版社，2009.

[2] [德]马克思, 恩格斯. 马克思恩格斯文集：第1-3卷，7-8卷，27卷，34卷，40卷，46卷[M]. 北京：人民出版社，2009.

[3] [俄]列宁. 列宁全集：第35卷、55卷[M]. 北京：人民出版社，1979.

[4] [俄]列宁. 列宁选集：第3卷[M]. 北京：人民出版社，2012.

[5] [意]贝奈戴托·克罗齐. 历史学的理论和实际[M]. 傅任敢，译. 北京：商务印书馆，1982.

[6] [英]查尔斯·狄更斯. 双城记[M]. 张玲，张扬，译. 上海：上海译文出版社，2012.

[7] [美]查尔斯·库利. 人类本性与社会秩序[M]. 北京：华夏出版社，1989.

[8] [德]黑格尔. 法哲学原理[M]. 北京：商务印书馆，1961.

[9] [德]弗兰茨·梅林. 保卫马克思主义[M]. 北京：人民出版社，1982.

[10] [德]柯尔施. 马克思主义和哲学[M]. 王南，荣新海，译. 重庆：重庆出版社，1989.

[11] [美]赖特·米尔斯. 马克思主义者[M]. 北京：商务印书馆，1985.

[12] [匈]卢卡奇. 历史与阶级意识[M]. 杜章智，等，译. 北京：商务印书馆，1992.

[13] [美]罗洛·梅. 人寻找自己[M]. 冯川，陈刚，译. 贵阳：贵州人民出版社，1991.

[14] [德]马丁·海德格尔. 康德与形而上学疑难[M]. 王庆节，译. 上海：上海译文出版社，2011.

[15] [美]马斯洛. 动机与人格[M]. 许金声，译. 北京：华夏出版社，1987.

[16] [英]齐格蒙特·鲍曼. 现代性与矛盾性[M]. 邵迎生，译. 北京：商务印书馆，2001.

[17] [美]塞义德. 东方学[M]. 王根宇，译. 生活·读书·新知三联出版社，1999.

[18] [美]詹姆逊. 晚期资本主义的文化逻辑[M]. 陈清桥，等，译. 北京：生活·读书·新知三联书店，1997.

三、中文期刊类

[1] 车丽萍. 自信的概念、心理机制与功能研究[J]. 西南师范大学学报, 2002（2）.

[2] 车丽萍. 大学生成就动机、性格特征、控制点与自信关系的研究[J]. 研究应用心理学, 2003（2）.

[3] 车文博. 苏联个性心理学基本理论问题评介[J]. 心理科学通讯, 1985（4）.

[4] 陈秉公. 论社会主义核心价值观"高势位"培育和践行的规律性[J]. 思想理论教育, 2014（2）.

[5] 陈文通. 论中国特色社会主义的特殊性[J]. 科学社会主义, 2009（1）.

[6] 陈序经. 对于一般怀疑西化论者的一个浅说[J]. 独立评论, 1933（79）.

[7] 陈序经. 中国文化之出路[J]. 文化月刊, 1934（7）.

[8] 杜芳, 陈金龙. 中华优秀传统文化与社会主义核心价值观的涵养[J]. 中国高等教育, 2014（23）.

[9] 樊浩. 中国社会价值共识的意识形态期待[J]. 中国社会科学, 2014（7）.

[10] 范树成. 美国核心价值观教育探析[J]. 外国教育研究, 2008（7）.

[11] 封海清. 从文化自卑到文化自觉——20世纪20~30年代中国文化走向的转变[J]. 云南社会科学, 2006（5）.

[12] 高国希. 马克思人的自由全面发展理论与社会主义核心价值观[J]. 中州学刊, 2007（6）.

[13] 顾乃忠. 评《甲申文化宣言》的学理基础[J]. 南京大学学报, 2006（1）.

[14] 顾乃忠. 再评《甲申文化宣言》的学理基础. 江苏行政学院学报, 2006（4）.

[15] 关志坤, 徐宏力. 中国文化的自负、自卑与自觉[J]. 齐鲁学刊, 2011（4）.

[16] 郭建宁. 论坚持文化主体性与增强价值观自信[J]. 中国特色社会主义研究, 2014（6）.

[17] 郭凤志. 价值、价值观念、价值观概念辨析[J]. 东北师范大学学报: 哲学社会科学版, 2003（6）.

[18] 韩震. 必须区分核心价值观与道德生活价值观[J]. 中国特色社会主义研究, 2012（3）.

[19] 侯惠勤. 我们为什么必须批判抵制"普世价值观"[J]. 马克思主义研究, 2009（3）.

[20] 胡锦涛. 坚定不移走中国特色社会主义文化发展道路, 努力建设社会主义文化强国[J]. 求是, 2012（1）.

[21] 黄福寿. 在反思和总结、比较和借鉴中寻求超越[J]. 当代世界与社会主义, 2013（4）.

[22] 黄蓉生, 白显良. 社会主义核心价值观的提炼与表达[J]. 高校理论战线, 2011（11）.

[23] 黄月细, 徐海波. 香港与内地核心价值观比较[J]. 长白学刊, 2013（3）.

[24] 季羡林. 东西方文化的转折点[J]. 香港21世纪, 1991（2）.

[25] 刘文佳, 于安龙. 论中国特色社会主义"三个自信"的整体性[J]. 延安大学学报, 2014（3）.

[26] 莫凡, 李慧斌. 中国特色社会主义价值自信何以可能？——兼以社会主义"自由"价值观自觉为例[J]. 科学社会主义, 2015（2）.

[27] 邱仁富. 价值观自信的基本问题辨析[J]. 思想理论教育, 2016（11）.

[28] 任平. 走向"后中国特色"的中国化: 中国道路与中国价值的出场意义[J]. 江苏行政学院学报, 2012（3）.

[29] 桑玉成. 马克思主义理论学科建设面临的基本问题[J]. 思想理论教育, 2006（10）.

[30] 沈壮海. 文化自信之核是价值观自信[J]. 求是, 2014（18）.

[31] 孙伯鍨, 等. "历史之谜"的历史性剥离与马克思哲学的深层内涵[J]. 南京大学学报, 2000（1）.

[32] 唐君毅. 花果飘零与灵根自植[J]. 祖国, 1953（4）.

[33] 唐晓燕. 多元价值观视域下社会主义核心价值观建构初探——兼与新加坡共同价值观相比较[J]. 丽水学院学报, 2010（1）.

[34] 吴庆军. "中国梦"实现过程的中国经济总量和人民生活水平预测[J]. 华东经济管理, 2015（8）.

[35] 吴晓明. 试论马克思哲学的存在论基础[J]. 学术月刊, 2001（9）.

[36] 武昕、康秀云. 社会主义核心价值观自信的主体意蕴、生成逻辑与培育策略[J]. 广西社会科学, 2018（9）.

[37] 武昕、康秀云. 社会主义核心价值观自信的三重释义[J]. 思想政治教育研究, 2018（4）.

[38] 夏甄陶. 认识系统中的主—客体相关律[J]. 哲学研究, 1989（7）.

[39] 向玉乔, 沈莹则. 论价值观自信[J]. 唐都学刊, 2017（1）.

[40] 许燕. 北京大学生价值观研究与教育建议[J]. 教育研究, 1999（5）.

[41] 颜晓峰, 耿超. 论中国特色社会主义价值观自信[J]. 社会主义核心价值观研究, 2015（1）.

[42] 杨振闻. 价值观自信论纲[J]. 毛泽东研究, 2016（1）.

[43] 衣俊卿. 马克思思想：人之存在的文化精神[J]. 中国社会科学, 2001（3）.

[44] 俞吾金. 对马克思实践观的当代反思[J]. 哲学动态, 2003（6）.

[45] 俞祖华, 赵慧峰. 三份宣言：文化保守主义思潮的典型文本[J]. 东岳论丛, 2009（1）.

[46] 曾楠. 历史与现实：当代文化焦虑的中国考量[J]. 内蒙古社会科学, 2011（2）.

[47] 张世保. 陈序经"全盘西化"论解析[J]. 中南民族大学学报, 2008（2）.

[48] 张允熠. 社会主义核心价值观的中国文化要素[J]. 马克思主义研究, 2015（6）.

[49] 周珂, 韩佳佳. 国内关于价值观自信的研究综述[J]. 衡阳师范

学院学报，2015（4）.

[50] 周珂，韩佳佳. 价值观自信的哲学观照与概念辨析[J]. 广东开放大学学报，2015（5）.

[51] 周忠华. 人为性与为人性：道德的本质属性[J]. 唯实，2008（1）.

[52] 周忠华. 论社会主义核心价值观自信[J]. 吉首大学学报，2015（3）.

[53] [美]埃德蒙·莱特斯. 哲学家统治者[J]. 中国哲学史研究，1989（1）.

四、中文报纸类

[1] 陈奎元. 繁荣发展中国特色的哲学社会科学[N]. 人民日报，2004-04-20.

[2] 桂理昕. 切实增强价值观自信[N]. 广西日报，2014-06-10.

[3] 何辉. 中国主流价值并未沦陷[N]. 人民日报：海外版，2011-01-04.

[4] 刘进田. 价值自信和文化自信是民族自信的核心与灵魂[N]. 中国社会科学报，2011-09-27.

[5] 舒刚. 价值观的自信与自立[N]. 解放日报，2014-03-11.

[6] 汪行福. 马克思正义观的规范制度论重建[N]. 中国社会科学报，2013-08-02.

[7] 吴俊. "三个倡导"体现高度的价值自觉和自信[N]. 光明日报，2013-01-05.

[8] 许嘉璐，等. 甲申文化宣言[N]. 中国青年报，2004-09-08.

[9] 杨永志. 也谈社会主义核心价值观的凝练[N]. 光明日报，2012-02-04.

[10] 佚名. 价值观自信[N]. 光明日报，2015-01-03.

[11] 袁伟时. 评《甲申文化宣言》[N]. 南方都市报，2004-09-21.

五、中文学位论文类

[1] 方爱东. 社会主义核心价值观的发展历程及其当代建构[D]. 安徽大学博士学位论文，2010.

[2] 孙杰. 当代中国社会主义核心价值观研究[D]. 中共中央党校博士学位论文, 2014.

[3] 田海舰. 社会主义核心价值观研究[D]. 中共中央党校博士学位论文, 2008.

[4] 徐腾. 中国特色社会主义核心价值观研究[D]. 扬州大学博士学位论文, 2013.

[5] 周蓉辉. 中国特色社会主义核心价值观研究[D]. 中共中央党校博士学位论文, 2011.

六、外文论著作类

[1] David Collier and Steven Levitsky. *Democracy with Adjectives: Conceptual Innovation in Comparative Research*[J]. World Politics, Vol. 49, No. 3, 1997.

[2] Giovanni Sartori. *Concept Misformation in Comparative Politics*[J]. The American Political Science Review, Vol. 64, No. 4, 1970.

[3] Martin Jay. *Marxism and Totality*[M]. *Berkeley*: University of California Press, 1984.

[4] Kluckhohn C. *Values and Value Orientations in the theory of Action-An Exploration in Definition and Classification*[M]// Parsons T, Shiles EA. *Toward a General Theory of Action*. Cambridge. Mass: Haward Univ. Press, 1951.

[5] Rokeach M. *The nature of human values*[M]. New York: Free Press, 1973.

[6] Schwartz SH, Bilsky W. *Toward a psychological structure of human values*[J]. J Pers Soc Psychol, 1987（53）.

[7] Coopersmith, S. *The antecedents of self-esteem*[M]. San Francisco: Freeman. 1967.